소금, 쇠, 술

어떻게 백성들의 고통을 덜어줄 것인가?

소금, 쇠, 술

환관 지음 | **임덕화** 편역

자유문고

머리말

옛말에 가난은 나라도 구제하지 못한다는 말이 있다. 정말 그런가. 아니다. 가난은 국가가 충분히 구제할 수 있다. 게을러 가난하다는 말도 옳지 않다. 세상에 존재하는 모든 것들은 그 가치가 있다. 게으름을 활동에너지로 바꾸어 주는 것 또한 국가가 해야 할 일이다. 우리는 이런 생각에서 출발해야 바른 정치를 기대할 수 있고 더불어 사는 공동체를 만들어 나갈 수 있다.

많은 책을 접했지만 그 활용 면에서 이처럼 머리와 가슴에 와 닿는 책은 일찍이 없었다. 가난한 사람의 구제는 단순히 한 끼 밥을 말하는 것이 아니다. 21세기의 가장 큰 가난은 상대적 빈곤이다. 바른 정치란 물의 흐름과 같아야 한다. 넘치고 부족한 부분을 찾아 자연스럽게 형평을 맞춰주어야 한다. 이처럼 사회 구성원들이 그 성품과 능력에 맞게 일할 수 있는 토대를 만들어 주는 것이 국가가 해야 할 일이다. 따라서 국민 한 명 한 명에 대한 지극정성이 필요하고, 이럴 때 상대적 빈곤이 해소될 수 있을 것이다. 세금과 재정의 올바른 균형이 중요한 이유이다.

재물을 많이 가진 것은 부끄러운 일이 아니다. 다만 가진 만큼의 역할을 못하는 것을 부끄러워하는 세상을 만들어야 한다. 그러기 위해서는 탐욕과 이기심을 다스려야 하고, 인의를 바탕으로 삼는 교육이 있어야 한다.

나아가 양심良心이 모든 일과 관계의 근본이 되어야 한다. 양심이 살아날 때 타인에 대한 존중과 배려가 사회의 보편적 의식이 될 수 있을 것이다. 도道는 삶과 괴리되어 홀로 있는 것이 아니다.

2,200년 전 중국의 한나라 상황과 지금 우리 대한민국 상황이 너무도 흡사한 점에 놀랐다. 수구세력과 진보세력의 대논쟁을 읽으며 한편으로 부럽기도 했다. 백성과 나라를 위해 높은 벼슬아치들과 치열하게 논쟁하는 신진 관리들이 지금 대한민국에 필요하다는 점이 절실하게 다가왔다. "나라는 백성과 이익을 다투지 마라!" 이렇게 외치는 학자와 정치가가 대한민국에 필요하다.

아침부터 저녁까지 쏟아지는 뉴스들 속에서 우리는 지구촌 곳곳에서 벌어지는 불행한 사건들을 너무도 많이 접하게 된다. 세상 사람들의 그 많은 고통과 불행은 어디에서 기인하는 것일까? 잘못된 정치가 일반 국민에게 불행과 고통을 안겨주는 가장 큰 요인임을 알아야 한다. 우리가 행사하는 투표권 한 장을 노리는 정치가들의 웃음을 너무도 많이 보아 이제는 그 가짜 얼굴이 너무도 익숙하다. 바른 정치는 국민들의 고통은 덜어주고 행복은 증진시키겠다는 목표를 현실로 만드는 것이다. 이런 꿈을 가지고 나아가는 관료나 정치인들이 많아지기를 기대해본다.

소금과 철과 술의 전매제도를 둘러싼 논쟁의 기록!

이 책은 중국 한나라 때 소금과 철과 술의 이용과 유통을 둘러싸고 벌어졌던 논쟁을 기록한 『염철론鹽鐵論』을 편역한 것이다. 이 논쟁은 서한西漢의 소제昭帝 시원始元 6년(B.C. 81년) 2월, 조정에서 소금과 철(鹽鐵)에 대한 회의를 소집한 것으로부터 비롯되었다. 이 토론에는 공경대부公卿大夫 등 고위 관리들과 현량賢良과 문학文學 등 소장 관리들이 참여하였으며, 이를 환관桓寬이 간단하게 정리한 것이다.

『염철론』은 한나라 이전의 역사와 전통에 대한 깊은 이해와 고전들에 대한 해박한 지식이 필요하기 때문에 원전 그대로 읽어내기는 쉽지 않다. 따라서 이 책에서는 되도록 원전의 맛을 잃지 않으면서도, 독자들이 조금은 쉽게 읽을 수 있도록 노력했다. 또한 『염철론』 자체를 소개하는 것에 목적이 있는 것이 아니므로, 현재의 우리에게 유의미한 부분만을 옮겼다. 이 과정에서 지한 이준영 선생의 번역이 기본이 되었다. 깊이 감사드린다.

소금과 철과 술의 전매와 균수법均輸法 등의 재정정책을 두고, 승상 차천추車千秋의 주재 하에 이를 유지할 것인가, 폐지할 것인가를 토론하고 논쟁하는데, 이를 통해 정치의 근본과 백성에 대해 집권세력과 유학자인 신진세력이 어떤 시각을 가지고 있는가를 뚜렷하게 알 수 있다. 여기에 이 책을 읽는 즐거움이 있다.

소금과 쇠와 술의 전매에 관한 토론이지만, 국가의 역할과 정책에 대해 많은 시사를 던져준다.

이 염철 회의는 승상인 차천추가 주재하고, 한편에는 어사대부御史大夫 상홍양桑弘羊을 중심으로 승상부의 보좌들과 어사부御史府의 어사들이 함께 하였다. 반대편에는 대장군 곽광霍光을 중심으로 두연년杜延年과 서리로 추천되어 등용될, 유가儒家의 경술을 익힌 현량賢良과 문학文學들이 주축을 이루어 논쟁을 했다. 결국은 고위 관리들이 이론 투쟁에서 패배함으로써 폐지하는 것으로 결론을 맺는다.

그렇다면 소금과 철과 술의 전매와 균수법은 언제부터 시행되었는가? 그 정확한 연도를 알 수는 없지만 무제武帝시대에 시작된 것은 확실하다. 무제는 한나라의 고조(高祖: 劉邦)가 제국을 창건하고 66년 후 제5대(실제로는 7대) 황제로 등극하여, 초기 10여년 동안은 평화로운 시기에다 자연재해 등도 없어 물자가 풍부했다. 따라서 백성들의 생활이 나아졌으며 국가 재정도 풍부했다.

이를 바탕으로 초기 이민족에게 친화정책을 폈다. 그런데 무제의 건원 3년에 민월閩越이 동구東甌를 포위하자 동구에서 한나라에 구원요청을 해 왔다. 이를 계기로 조정에서 구원군 파견 문제를 토의하던 중 조정의 의논이 찬반으로 엇갈렸다.

이에 무제는 회계 출신인 엄조嚴助의 계책을 듣고 그의 계책을 받아들여 동구를 구하는 데 성공했다. 이를 기화로 한나라에서 이민족의 정치에 간섭하는 일이 시작되었다.

그 후 건원建元 6년, 민월과 남월南越의 싸움에 군사를 출동시켰고, 원광元光 2년에는 흉노 정벌에 30만 명의 대병력을 마읍馬邑에 주둔시켜 흉노의 선우를 사로잡으려고 했다. 위청衛靑이 흉노로 출병한 것만도 총 7회나 되어 당시에 막대한 재정을 필요로 하고 있었다.

이에 따라 천한天漢 3년 봄 2월에 처음으로 '술의 도거리(술의 국가전매)' 제도가 시행되었다. 또 이전부터 철이나 소금은 국가에서 전매하는 사업이 시행되고 있었다.

이때부터는 죄인도 죽을죄에서 돈을 내면 사형을 면제시키는 속죄법贖罪法이 시행되었다. 또 소금과 철의 전매법도 시행되었는데, 국가 시설을 이용하여 민간인이 소금이나 철을 생산하고 제품의 판매는 국가가 전매하는 것이었다. 종전에 염철업鹽鐵業을 하던 자들이 모두 관리가 되어 그 일을 담당하게 되었다.

철이나 소금이 생산되는 곳에는 철관鐵官과 염관鹽官을 두고 판매토록 했다. 이와 함께 균수법均輸法과 평준법平準法도 시행하게 되었다. 균수법이나 평준법은 국가가 직접 상업을 하는 것이었다. 곧 균수법은 전국 각지의 중요한 곳에 수관輸官을 두고 세금으로 지방의 산물을 거두어들이고, 국가는 그 거두어들인 물건을 필요한 지역으로 수송하여 균일한 값에 판매하는 것이다.

평준법이란 수도에 창고를 만들어 놓고 각종 생산물을 흔할 때 싼값으로 사들였다가 가격이 오르면 파는 것이다. 이뿐만 아니라 상인이나 장인匠人들에게 부과하는 민전세緡錢稅나 배나 수레에 부과하는 거선세車船稅 등을 뒤따라 시행했다. 또 화폐를 개혁하고 공전公田이나 둔전屯田을 설치하는 등 많은 종류의 세금 갹출 방법을 고안하여 국가의 재정을 늘려 나갔다.

이러한 여러 가지의 세금 정책이 늘어나자 백성들의 삶은 많은 고통을 당했고, 또 소금이나 철이나 술의 제조 경영권을 빼앗긴 대상인大商人이나 호족豪族들은 거의 몰락의 길로 접어들었다. 이는 무제 말기에 경제 불안의 요인이 되었다. 이것이 무제가 붕어하고 소제가 즉위한 뒤 시원始元 6년에 조서를 내려 조정에서 백성들의 고통과 어려움을 묻고 그에 대한 것을 논의하게 된 배경이다.

당시의 의논에서 소금·철·술의 전매, 균수법을 폐지할 것을 문학이 처음으로 개진한 것이다. 그러나 결국은 술의 전매권만 폐지시켰고, 나머지 소금이나 철의 균수법은 폐지시키지 못했다.

당시 '염철논쟁'에 참가한 사람들 가운데 폐지해야 한다고 주장한 쪽은 현량과와 문학과 두연년과 곽광 등 60여 명이었고, 존치해야 한다고 주장한 쪽은 승상 차천추와 어사대부 상홍양을 중심으로 한 승상부와 어사부의 고급 관리들이었다.

존치 쪽에서는 신불해申不害, 상앙商鞅, 한비(韓非: 한비자), 소진蘇秦, 장의張儀의 이론을 채용하여 국가를 다스려야 한다고 주장했다.

반대쪽에서는 유가儒家의 도덕규범을 바탕으로 인의仁義의 정치를 시행하는 것이 국가의 백년대계를 세우는 초석이라고 의견을 개진했다.

이들의 의견은 받아들여졌으나 술의 전매법만이 폐지되었을 뿐이다.

'염철논쟁'의 배경은 곽광霍光과 상관걸上官桀 두 집권 세력 간의 대격돌이라고 보아야 할 것이다. 승상 차천추는 무색무취한 사람으로서 실제 권력은 없었고, 곽광과 상관걸을 중심으로 한 신진세력과 수구세력 간의 싸움이었다. 상관걸 밑에서는 상홍양이 관료들을 주도하였고, 곽광 밑에서는 두연년이 신진 현량과 문학들을 주도하여 양대 세력 간의 세력 투쟁의 성격이 짙은 것이었다. 상홍양과 상관 걸은 선제 때 반역자로 몰려 처단당했다.

아무튼 『염철론』은 관리 집단과 신진 선비[士]인 현량·문학과 생도들 간의 이론 투쟁 끝에 문학과 현량들이 승리하는 것을 기록한 것이며, 이를 통해 한나라 조정의 토론 문화를 속속들이 들여다볼 수 있는 특이한 저서라고 할 수 있다.

옛날의 조정에서도 신진 선비들이 조정의 중신들을 이처럼 비판해도 목숨을 부지했는데, 만약 지금 이처럼 신랄하게 비판했다면 그들은 관리가 되지 못했을 것이라는 생각이 든다. 봉건주의 사회에서 언로言路가 이렇게 소통되었다는 것을 『염철론』을 통해 느끼고, 오늘날의 우리의 현실을 되돌아볼 때 시사하는 바가 크다고 하겠다.

국가의 근본에 대해 논하다

한漢나라 소제昭帝는 승상과 어사 등 높은 관직의 대부들과 천하에서 추천된 현량과 문학 등 소장 관리들에게 백성들을 고통스럽게 하는 것이 무엇인지 함께 논의하고 토론하게 하였다.

문학文學이 말했다.

사람을 바르게 다스리는 길(道)은, 쾌락만을 따라 풍속이 음란해지는 근원을 막고, 도덕道德의 실마리를 넓히고 말단인 상업과 공업의 이익을 억제해야 합니다. 이에 인의仁義의 정책을 펴고 이익만이 있는 것을 보이지 않게 한 연후에 교화를 일으킨다면 풍속을 바꿀 수 있을 것입니다.

지금 군국(郡國: 제후국)에서는 소금과 철과 술의 전매가 있으며, 균수법均輸法을 시행해 백성들과 이득을 놓고 다투는 형상입니다. 이것은 백성들의 인정 많고 소박한 인심을 탐욕스럽고 천박하게 만드는 것입니다. 이 때문에 백성 중에는 근본인 농사에 힘쓰는 자는 적고 큰 이익을 얻는 상공업을 지향하는 자가 많습니다.

대개 글이 화려하고 번잡스러우면 글의 본질이 약해지고, 말단인 상공업이 왕성해지면 근본인 농업이 축소되는 것입니다. 말단인 상공업에 종사하면 백성들은 간사해지고, 근본인 농업에 종사하면 백성들은 정성스러워집니다.

백성들이 정성스러우면 재물의 사용이 골고루 풍족해지고, 백성들이 자기 이득만을 중시하고 사치스러워지면 굶주리고 추위에 떠는 자들이 나타납니다.

원컨대 소금과 철과 술의 전매권과 균수법을 없애고, 근본인 농업을 권장함으로써 말단인 상공업을 물리쳐서 농업의 이로움을 넓힌다면 편안할 것입니다.

大夫曰 대부大夫가 말했다.

흉노匈奴가 세력이 커지자 신하 노릇을 하지 않고 자주 변방 지역을 침입하여 포악스런 약탈을 일삼고 있다. 방비하려면 군사들이 수고롭고, 대비하지 않는다면 침략하는 도둑들이 그치지 않을 것이다.

선제(先帝: 武帝)께서는 변방 사람들의 오랜 근심을 애달프게 여기시고 그들이 오랑캐들의 포로로 끌려가는 것을 괴롭게 여기셨다. 그래서 변방의 성채를 수리하고 봉화대를 설치하고 군대가 주둔하여 방비하도록 했다.

그런데 변방에 드는 방어 비용이 부족하였으므로 소금과 철의 산업을 일으키고 술의 도거리법을 설치하였으며, 균수법을 두어 이익을 독점하고 변방에 드는 비용을 보조토록 한 것이다.

지금 이것을 폐지한다면 안으로는 국고가 텅 비게 되고, 밖으로는 변방을 수비하는 병사들이 변방에서 굶주리고 추위에 떠는 것들을 장차 어떻게 충당할 것인가? 폐지하는 것은 옳지 않은 것이다.

文學曰 문학이 말했다.

공자께서 말씀하시기를, '국가나 가문을 지켜나가는 자들은 백성들이 가난한 것을 근심하지 않고 고르지 못한 것을 근심하며, 적은 것을 근심하지 않고 편안하지 못한 것을 근심한다.'라고 하셨습니다. 그러므로 천자는 많고 적은 것을 말하지 않고, 제후는 이롭고 해로운 것을 말하지 않으며, 대부는 얻고 잃는 것을 말하지 않는 것입니다.

옛날에는 인의仁義를 쌓고 덕행德行을 널리 펴서 멀리 있는 오랑캐들이 기뻐하며 복종했습니다. 그러므로 승리를 잘하는 자는 싸우지 않고, 싸움을 잘하는 자는 군사로써 하지 않고, 군사를 잘 운용하는 자는 진을 치지 않는다고 했습니다.

조정에서 하는 일이 무엇입니까? 계획을 잘 세우고 협상을 잘 하여 군사들이 무사히 돌아오게 하는 것입니다.

임금이 인정仁政과 선정善政을 행하면 천하에 대적할 자가 없게 되는데 어찌 비용이 들겠습니까?

대부가 말했다.

흉노는 교활하고 엉큼하며 약삭빨라 제멋대로 변방에 쳐들어오고 약탈한다. 근래에는 군군과 현縣과 삭방朔方의 도위부都尉府를 침범하여 도위를 살해하였다. 또한 매우 패악하고 불순하여 법으로 다스려지지 않는다. 의당 죄 있는 오랑캐들을 토벌해야 하지만 그들을 평정하여 다스리던 날은 오래 되었다.

폐하께서는 백성들과 사대부의 어려움을 애처롭게 여기시어, 이제 직접 갑옷을 입고 병기를 들고 흉노를 정벌하려 하신다. 폐하께서는 큰 은혜로 백성들이 넉넉하지 못한 것을 애처롭게 여기시고, 사대부들이 학대받는 것을 딱하게 여기시어 참지 못하셨다.

이제, 폐하께서 직접 갑옷을 입고 예리한 병기를 가지고 북벌을 계획하고 흉노를 정벌하여 의지를 관철시키려 하신다.

지금 소금과 철의 전매와 균수법을 폐지하면 변방의 비용이 걱정되며 전략상으로도 손해이다. 설령 변방을 근심하는 마음이 없더라도 그것을 폐지하는 것은 곤란하다.

 문학이 말했다.

옛날에는 덕德으로 감싸는 것을 귀하게 여겼고, 군사를 사용하는 것을 천하게 여겼습니다.

공자께서 말씀하시기를, '멀리 있는 사람이 복종하지 않게 되면 문덕文德을 닦아서 오게 하고, 이미 왔다면 편안하게 해야 한다.'라고 하셨습니다.

지금 도덕을 폐지하고 전쟁에 임한다면, 군사를 일으켜 오랑캐를 정벌하고 변방에 군대를 주둔시켜 방비해야 합니다. 병사들을 고달 프게 하면서 오랜 기간을 주둔시키려면 식량과 물자를 수송하는 일이 끊이지 않을 것입니다. 또 변방의 군사들은 밖에서 추위와 굶주림에 시달리고, 백성들은 안에서 고생하고 고달퍼질 것입니다.

소금이나 철을 관리하는 관직을 설치하고 처음부터 이익을 담당하는 관리를 두어 공급하게 하는 것은 오래 갈 수 있는 계책이 아닐 것입니다. 그러므로 폐지하는 것이 편리하고 타당한 것이라고 하는 것입니다.

大夫曰 대부가 말했다.

옛날부터 나라를 통치하는 데 있어서는 근본인 농업과 말단인 상공업의 길을 함께 열어 주고, 있는 물품과 없는 물품의 사용을 통하게 해서 사람들이 많이 모이는 곳에는 구하는 물산(물품)을 한결같게 하였다. 이에 백성들과 온갖 재물이 모여들었으며, 농업인이나 상인이나 공인工人을 관장하는 우두머리들이 각각 하고자 하는 바를 따라 이익을 얻는 교역을 하고 제자리로 돌아간다.

『주역』에는, '그 변화를 소통시켜 백성들로 하여금 게을러지지 않게 한다.'라고 했다.

그러므로 공인工人이 나오지 않으면 농사에 사용되는 기구가 모자라게 되고, 상인이 나오지 않으면 귀중한 재물의 흐름이 끊어지게 된다. 농업인들의 도구가 부족해지면 곡식이 증산되지 않게 되고, 귀중한 재물의 거래가 끊기게 되면 재물로서 가치가 없게 되는 것이다.

소금과 철의 전매나 균수법은 쌓여 있는 재물을 통하게 하고 급박한 것과 여유 있는 것들을 고르게 하는 것이다. 폐지한다면 불편한 것이다.

文學曰 문학이 말했다.
대개 백성들을 덕으로써 인도하면 백성들이 순박한 덕[德性]으로 돌아가고, 백성들에게 보이는 것을 이익으로 삼는 가치관을 가지게 하면 백성들의 풍속은 야박해지는 것입니다. 풍속이 야박해지면 의義를 배신하고 이익을 따르게 됩니다. 이익을 따르게 되면 백성들은 다들 하던 일을 놓고 길을 달리해 시장에서 장사치로 바쁘게 살려고 할 것입니다.

'노자'가 말하기를, '가난한 나라가 여유가 있어 보이는 것은 재물이 많아서가 아니라 할 바가 적어 백성들이 조급해 하지 않는 것이다.'라고 했습니다.

이 때문에 통치자는 근본인 농업을 높이고 말단인 상공업을 규제하며 예의를 가르쳐 백성들의 욕심을 줄이고 곡식이나 재물을 진실하게 하도록 하는 것입니다. 이에 상인들은 사용되지 않는 물품을 시장에서 유통시키지 않고, 공인들은 사용되지 않는 기물器物을 만들지 않을 것입니다.

그렇게 하는 것이 상인들에게는 막혀 있는 것들을 통하게 하는 것이고, 공인들에게는 백성들에게 필요한 기계를 항상 준비하게 하는 것입니다. 그렇다고 이것만이 국가를 다스리는 근본적인 임무는 아닐 것입니다. 항상 백성들의 삶을 살펴보아야 합니다.

大夫曰 대부가 말했다.

『관자』에 이르기를, '국가는 비옥한 땅의 여유로움이 있지만 백성들에게 먹을 것이 부족한 것은 농사지을 기구들을 준비하지 못한 것이며, 산과 바다에 재화가 있지만 백성들에게 재물이 부족한 것은 상업과 공업이 준비되지 않았기 때문이다.'라고 했다.

지금 농서隴西지방과 촉蜀 땅의 단사丹沙와 칠漆과 모우旄羽, 형주荊州와 양주揚州의 피혁皮革과 동물 뼈와 상아, 강남江南의 녹나무와 가래나무와 죽전竹箭, 연燕과 제齊지방의 생선과 소금과 털옷, 연주兗州와 예주豫州의 칠漆과 실[絲]과 갈포와 모시 등은 사람의 생명을 기르고 죽음에 이르러 쓰이는 인간에게 필요한 도구들이다. 그러므로 장사꾼은 물건을 확보하여 기다려 유통하고 공인들은 미리 만들어 기다리는 것이다.

성인聖人은 배와 노를 만들어 강과 골짜기를 통하게 했고, 소를 타고 말을 타 육지를 통하게 해, 먼 곳에 이르게 하고 깊숙한 곳까지 모든 물건을 다 이르도록 교역하여 백성들을 편리하게 했다. 이 때문에 무제武帝께서 철관鐵官을 세워 농업에 사용하는 농기구를 넉넉하게 했고, 균수법을 시행하여 백성들의 재물을 풍족하게 했다.

소금과 철의 전매와 균수법은 모든 백성이 계속 바라는 바이며 넉넉한 것을 취하는 것인데 폐지한다면 불편한 것이다.

文學曰 문학이 말했다.

국가에 기름진 땅의 여유로움이 있는데도 백성들의 먹을거리가 부족한 것은 상인이나 공인들이 성대해져 본업인 농업이 황폐해진 때문입니다.

산과 바다에 재화가 있는데도 백성들에게 재물이 부족한 것은 백성들이 필요한 것에 힘쓰지 않고 교묘한 것만을 만드는 일이 많기 때문입니다.

그러므로 솟아오르는 샘물이라도 새는 술잔은 채우지 못하고, 산과 바다의 재물이라도 깊은 산골짜기에 사는 사람들을 보살피는 데는 넉넉하지 못한 것입니다.

이 때문에 은殷나라의 반경盤庚은 초가집에서 살았고, 우虞나라의 순舜임금은 황금을 숨겼으며, 고제(高帝: 한나라 태조 유방)께서는 상인이나 장사치는 관리가 되지 못하게 했습니다. 옛 어른들은 이러한 방편으로 욕심과 비루한 풍속을 막고 지극히 정성스런 풍속으로 순화시켰습니다.

시장의 흐름에 따라 자율성을 통제하여 특정 집단을 이롭게 하는 것을 백성들은 나쁘게 여기는데, 하물며 나라에서 이익을 챙기기 위한 것이라면 백성들은 어떻게 생각하겠습니까?

옛말에 이르기를, '제후가 이로운 것을 좋아하게 되면 대부大夫는 천박해지고, 대부가 천박해지면 선비가 탐하게 되고, 선비가 탐하게 되면 백성들은 도둑질을 하게 된다.'라고 했습니다. 이것은 이로운 구멍을 열어 주는 것으로, 백성들이 죄를 짓는 경로를 만들어 주는 것입니다.

大夫曰 대부가 말했다.

지난날 군국郡國의 제후들이 그 지방의 공물들을 수송하는데, 모든 제후국이 같은 시기에 황제께 조공하는 일들로 번잡하였고, 물품들이 많아서 고통스러웠다.

온 나라가 같은 시기에 조공하느라 운송비용과 조공 물품을 사 모으는 비용이 비쌀 수밖에 없었다. 그러므로 군국에 운송하는 관리를 두어 서로 시간 차이를 두어 넉넉하게 운송시켜 먼 지방의 공물을 편리하게 운송했으므로 '균수均輸'라고 일렀다.

이에 저장 창고를 수도에 열고 재물이 흔할 때는 구매하고 귀할 때는 판매했다. 이 때문에 조정은 재물을 잃지 않았고, 상인들은 이익을 취하지 못했는데 이러한 것을 '평준平準'이라고 일렀다.

평준하게 되어 백성들은 직업을 잃지 않았고, 균수법을 시행하여 백성들의 수고와 편안함이 균일해졌다. 그러므로 평준이나 균수법은 모든 사물을 공평하게 하고, 백성들을 편안하게 해 이로움의 활로를 열어 주는 것이었지, 백성들이 죄를 짓는 길을 만들어 주는 것은 아니었다.

文學曰 문학이 말했다.

옛날에 백성들에게 세금을 부과한 것은 그들이 일하는 바에 따라서 한 것이요, 서투르게 주먹구구식으로 구한 것이 아닙니다. 농사를 짓는 사람은 그의 수확물을 바치고, 여공女工들은 그들이 수고한 공로(길쌈)를 바쳤습니다.

지금은 그들이 소유한 것들을 바치라는 것이 아니라 백성들에게 없는 것을 내놓으라는 폐단을 꾸짖는 것입니다. 백성들은 재물들을 헐값에 팔아서 위에서 요구하는 것을 시장에서 사서 바치는 어처구니없는 일이 벌어지고 있습니다.

요사이 나라에서 백성들에게 베와 솜을 생산하라고 명했는데, 관리들이 시기를 조절하고 백성이 내는 물품의 품질을 멋대로 등급을 매겨 착취하여 오래도록 어렵게 만든 물건을 장사꾼들과 함께 장사를 합니다.

관리에게 들어가는 것은 비단이나 삼베만이 아니라 모든 조세품목은 민간에서 바치는 것들입니다. 간사한 탐관오리들은 불의를 행하여 공평하게 판매한다고 하며 농민들을 거듭 고통스럽게 하고 여직공들이 두 번 세금을 내게 하는 등, 균등함을 보이지 못했습니다.

천자께서 급하게 물품 수급을 발표하고는 성문을 닫고 시장을 독점하게 되면, 모든 물건들이 일시에 거두어들여질 것입니다. 그렇게 되면 물건 값이 폭등할 수밖에 없습니다. 물건 값이 폭등하게 되면 장사치들이 큰 이득을 취하게 됩니다.

관리들도 시장으로부터 자유롭지 못하게 되면 간사한 꾀를 내어 사사로운 이익을 용납하게 됩니다. 탐관오리들과 부유한 상인들은 재물과 물건들을 쌓아 놓고 급한 때를 기다렸다가 팝니다.

결국 백성들은 흔할 때 거두고 품귀일 때 이득을 취하는 상인과 관리들의 결탁으로 공평과 평준平準함을 보지 못하는 것입니다.

옛날의 균수법이란 백성들의 수고와 편안함을 균등하게 하고, 공물의 운송을 편리하게 하는 것이었지, 이익만을 위해 만물의 가격을 균등하게 하는 것은 아니었습니다.

2

국가를 부유하게 하는 길은 무엇인가

大夫曰 대부가 말했다.

천자는 천연 자원의 매매를 차단하고 성읍의 관문과 시장을 통제하되, 공평함과 때를 지키는 것으로써 백성들을 통솔한다. 한 해의 곡식이 익어 풍년이 들게 되면 쌓아서 저축해 놓고 양식이 떨어질 때를 대비한다. 흉년이 들면 화폐를 소통시켜서 유통되는 물품이 여유있게 하고 부족한 것들을 보충하고 조절하는 것이다.

옛날에 우禹임금 때는 홍수가 있고 탕왕湯王 때에는 가뭄이 있었는데, 백성들이 궁핍해지자 이웃끼리 서로 빌려서 나누어 먹고 입는 일을 계속하게 했다. 우임금은 역산歷山의 금으로 화폐를 주조했고, 탕왕은 장산莊山의 구리로 화폐를 주조하여, 그의 백성들이 화폐 교환으로 편리한 생활을 하게 함으로써 천하에서는 그들을 인仁하다고 일컬었다.

지난날 재용財用이 부족하여 전쟁에 나간 병사들이 간혹 녹봉을 받지 못했고, 산동山東지역에는 재앙이 닥쳤으며, 제齊 땅과 조趙나라 땅에는 큰 기근이 들었다. 그때 균수법으로 인한 저축에 힘입어 창고에 쌓여 있는 식량으로 병사의 봉급을 지급하고 굶주리는 백성들을 구휼했다.

그러므로 균수均輸하는 물건이나 창고의 재물은 백성에게 사서 병사들의 군비에만 전용하는 것이 아니고, 백성의 궁핍을 구휼하고 수해나 가뭄의 재앙에 대비하기 위한 것이다.

文學曰 문학이 말했다.

옛적 성현聖賢들이 나라를 다스릴 때에는 10분의 1을 세금으로 거두었고, 연못에는 누구나 통발로 물고기를 잡으러 들어가도 금지하는 일이 없었습니다. 백성들은 모두 남쪽의 양지바른 밭에서 농사를 지어 혜택을 입고 늘 즐겁게 일했습니다. 그러므로 그때 백성들은 3년의 살림 비용을 저축하였다고 합니다. 이것은 하夏나라의 우임금이나 은殷나라의 탕왕이, 수재와 가뭄을 대비하고 백성들을 편안하게 한 비결입니다.

지금 백성들은 풀이 우거진 땅을 개간하지 않고, 논과 밭을 다스리지 않으면 상인과 공인들의 이로움을 통하게 한다 하더라도 넉넉하지 못할 것입니다. 이 때문에 옛날에는 농사를 천하의 근본으로 삼아 농사에 힘쓰게 해서 농업을 번성하게 만들었습니다.

몸소 밭을 갈고 계절을 따를 때는 의식衣食이 풍족하여 비록 여러 해 동안 흉년이 들더라도 사람들이 고통스럽지 않았습니다. 그러므로 의식은 백성들의 근본이고, 곡식을 심고 거두는 일은 백성들의 의무입니다. 먹고 입는 이 두 가지를 잘 닦게 되면 국가는 부유해지고 백성들은 편안해질 것입니다.

『시경』 주송 양사편의 시구에는, '집집마다 곡식 가득하니 처자들이 편안하네.'라고 했습니다.

 대부가 말했다.

현인이나 성인이 집안을 다스리는 방법은 하나의 도道만이 아니고 국가를 부유케 하는 것도 하나의 길만은 아니다.

옛날에 제齊나라의 관중管仲*은 속이는 계략으로 천하를 저울질하여 환공桓公을 패자霸者가 되게 했고, 기씨(紀氏: 춘추시대 기紀나라의 제후)는 근본인 농업을 강화시키려다 관리를 잘못하여 멸망했다.

가령 집안을 다스리고 생명을 기르기 위해 농업에만 종사하게 한다면 순舜임금은 질그릇을 굽지 않았을 것이며,** 은나라의 이윤伊尹은 주방의 요리사가 되지 않았을 것이다.

그러므로 국가를 잘 다스리는 자는 천하가 가격을 낮추면 자신은 올리고, 천하에서 가볍게 여기면 자신은 중하게 여긴다고 했다. 말단인 상공업으로 그 근본인 농업을 바꾸고, 비어 있는 것으로써 그 차 있는 것을 바꾸는 것이다.

지금 산과 늪지대 등에서 나오는 천연광물과 재화들을 균수均輸하

---

* 친구인 포숙아鮑叔牙의 추천으로 환공의 재상이 되어서 환공이 패자가 되는 데 일익을 담당했다.
** 순임금은 본래 시골에서 질그릇을 굽던 사람이었다.

여 창고에 저장한 것은 물가가 싼 것들과 비싼 것들을 시기에 따라 운용하려는 것이다. 이는 백성들을 다스려 쓰기 위한 것이다.

여汝 땅이나 한漢 땅의 금이나 섬세한 마포麻布의 공물은 오랑캐〔胡〕와 강족(羌族: 지금의 티베트)과 교역하여 그들의 보물을 취하기 위한 것이다. 대저 중국의 명주 1단(一端: 20자)이면 흉노에 쌓여 있는 금으로 바꿀 수 있으며, 이는 적국인 흉노의 재물을 줄이는 것이다.

이렇게 균수법으로 모은 재물이 변방 나라들의 재물로 바뀌어 노새와 당나귀와 낙타에 실려 꼬리를 물고 창고로 들어오고, 뛰어난 야생마와 절따말들이 모두 우리의 가축이 되는 것이다. 담비가죽, 여우가죽, 무늬 있는 털방석과 문채·문양 있는 모직물이 나라의 창고에 가득하고 벽옥과 산호와 유리도 모두 국가의 보배가 되는 것이다.

균수법으로 외국의 물자가 국내로 들어오고 이익은 밖으로 새나가지 않았다. 천하 각지의 묘한 물건들이 국내로 들어오면 나라의 문물이 풍요로워지고, 이익이 나라 밖으로 새나가지 않게 되면 백성들의 사용은 넉넉해지는 것이다.

『시경』 주송 양사편의 시구에, '집집마다 곡식 가득하니 처자들이 편안하네.'라고 했다.

文學曰 문학이 말했다.

옛날의 상인들은 물건을 유통시키는 데 속이지 않았으며, 공인들은 견고한 것만을 만들고 가짜를 만들지 않았습니다. 그러므로 군자는 편안하게 밭을 갈고 사냥을 하고 물고기를 잡으며 삶의 실상이 늘 한결같았습니다.

그러나 작금의 상인들과 공인들은 오래도록 백성을 속여 왔고, 관리들은 거짓을 꾸며 분수에 넘치는 탐욕을 품고 백성과 임금을 속이면서도 마음은 부끄러워하지 않습니다.

옛날에 하夏나라의 걸왕桀王은 여자 악관樂官을 궁실에 가득 채웠으며 그들에게는 화려한 무늬를 수놓은 의복을 입혔습니다. 걸왕의 폭정을 보다 못한 이윤伊尹이 관직을 버리고 박薄 땅에 유람하자 기다렸다는 듯 여악관女樂官들이 일어나 마침내 하나라를 무너뜨렸습니다.

앞서 대부께서 말한 노새와 당나귀의 용도는 소나 말의 쓰임에 알맞지 못하고, 담비가죽과 무늬 있는 모직물 등은 실제 비단보다 더하지 못합니다.

아름다운 옥이나 산호는 북쪽 곤륜산昆崙山에서 생산되고, 진주나 물소 뿔과 상아 등은 남쪽 계림桂林에서 생산되는데, 이곳은 한漢나라와는 1만여 리나 되는 거리입니다.

밭을 갈고 양잠을 하는 공로와 자재의 비용을 계산한다면 이는 물건 1개마다 1백 배의 비용을 지불하는 것이고, 그곳에서 노새와 당나귀와 낙타를 한 번 끌어오는데 1만 종의 곡식을 키우는 비용에 해당합니다.

대저 위에서 진기한 것을 좋아하게 되면 넘쳐서 아래의 백성들에게 유행하게 됩니다. 이렇게 온 나라가 먼 지방의 물건을 귀하게 여기면 먼 변방으로 재물이 나갈 것입니다.

이런 이유로 임금이 무용한 것을 진귀하게 여기지 않는다면, 그의 백성들이 절약하고 기이한 물품과 재물을 귀하게 여기지 않게 되어서 그 나라는 부유하게 되는 것입니다.

그러므로 백성들을 다스리는 길[道]은 쓰임을 밝혀 소비를 절약하고, 천하의 근본인 농업을 숭상하며 농토를 분배하여 정전법井田法을 시행하는 데 있습니다.

大夫曰 대부가 말했다.

수도에서 동서남북으로 산이나 개울을 지나 나라 밖 먼 국경까지 가는데 있어서, 재물이 풍족한 대도시에는 큰 길들이 사통오달하지 아니한 곳이 없고, 장사꾼들이 모여드는 곳에는 온갖 물건이 왕성하게 갖추어져 있다.

그러므로 성인은 하늘의 시기天時를 따르고, 지혜로운 자는 땅의 재물을 따르고, 큰 선비[上士]는 모든 사람이 흠모하고, 평범한 선비[中士]는 그의 몸을 수고롭게 하여 뜻을 이루는 것이다.

춘추시대 장저長沮나 걸익桀溺*은 1백금(金)의 저축이 없었고, 도척盜蹠이나 장교莊蹻**의 무리는 의돈猗頓***처럼 부유하지는 못했으나 완宛과 주周와 제齊와 노魯나라 땅에서 상업으로 천하에 두루 미쳤다. 그러므로 장사꾼들의 부는 이익을 따라서 수많은 금을 쌓는 것이며, 많은 이득을 남겨야 이루어지는 것이다.

---

* 장저와 걸익은 『논어』 미자微子편에 나오는 인물로 은자隱者들이다.

** 도척과 장교는 춘추시대 때의 큰 도둑이다.

*** 의돈은 춘추시대 노魯나라의 선비로, 소와 양을 길러서 거대한 부를 이루었다.

국가를 부유하게 하는 데 어찌 반드시 농사를 근본으로 하는 것만 사용할 것이며, 백성들을 풍족하게 하는 데 어찌 반드시 정전법만을 사용할 것인가?

文學曰 문학이 말했다.

큰 홍수가 일어나 하늘에까지 넘쳤을 때 하나라의 우임금은 홍수를 다스린 공적이 있었고, 하수河水가 범람하자 선방궁宣房宮을 지은 공로가 있었습니다.

상商나라의 주왕紂王이 포악한 정치를 하자 주周나라의 무왕武王이 맹진孟津에서 계책을 세웠습니다. 이 당시에도 천하가 소란스러워지자 과도한 이득을 꾀하는 부자들이 있었습니다.

대저 상고시대에는 성인들의 지극한 다스림으로 백성들이 순박하고 근본인 농업을 귀하게 여겨 편안히 살면서 밖으로 구하는 것들이 적었습니다. 이때에 도로에는 다니는 이가 드물었고 시장에는 풀이 났습니다. 그러므로 농사에 힘쓰지 않는 자는 주린 배를 채울 수가 없었고, 길쌈에 힘쓰지 않는 자는 몸을 가릴 수가 없었습니다.

비록 시장이 백성이 모이는 중요한 장소일지라도, 도주공陶朱公이나 완宛 땅의 공씨孔氏와 같은 돈 잘 버는 술수가가 있더라도 그 교묘함을 사용할 곳이 없었습니다. 예부터 지금까지 베풀지 않으면서 보답을 얻고, 노력하지 않으면서 공이 있는 자는 있지 않았습니다.

3
부의 근본에 대해 논하다

 대부가 말했다.

연燕나라의 탁涿이나 계薊, 조趙나라의 한단邯鄲, 위魏나라의 온지溫軹, 한漢나라의 형양滎陽, 제齊나라의 임치臨淄, 초楚나라의 완구宛丘와 진陳, 정鄭나라의 양적陽翟, 하수河水와 낙수洛水와 이수伊水의 삼천三川인 동주東周와 서주西周지역은 천하에서 으뜸인 부자들이 있어 모두 다 천하의 이름 있는 도시가 되었다.

그 부자들이 들판을 경작하고 땅을 갈아서 도움이 되었던 것이 아니다. 대도시의 요충지와 큰 거리의 길을 이용하는 상공인이었기 때문이다. 그러므로 물건들이 풍요로운 곳에는 백성들이 불어났고, 집이 시장에서 가까운 자는 부유해졌다.

부유한 것은 숫자를 잘 헤아리는 술수術數에 있는 것이지 자신을 수고롭게 하는 데 있지 않고, 이익은 형세를 만들고 따르는 데 있지 힘써 땅을 경작하는 데 있지 않는 것이다.

文學曰 문학이 말했다.

형주荊州와 양주揚州의 남쪽에 있는 계림桂林의 풍요로움은 안으로는 강수江水와 호수湖水의 이로움이 있고, 왼쪽에는 능양陵陽의 금金이 있으며, 오른쪽에는 촉蜀과 한漢의 재목이 있기 때문입니다.

계림 사람들은 나무를 베고 풀을 불살라 곡식을 심는, 화전을 일구어 밭갈이를 하는데 땅이 넓고 기름져 의식이 풍족합니다. 계림 사람들은 바쁘지 않습니다. 다른 지방 사람들이 보기에는 게으르고 구차하게 보여도, 좋은 옷을 입고 좋은 음식을 먹으며 노래를 부르고 거문고를 타고 하루 벌이로 한 달을 삽니다. 띠로 지붕을 덮은 누추한 집에서 살아도 그만큼 먹고 입고 사는 데 어려움이 없습니다.

조趙나라의 중산中山은 큰 하수가 감싸 흐르고 사방으로 길들이 이어져 천하의 지름길에 해당합니다. 그러나 백성들은 풍기가 문란하며 말단인 상업만을 좋아하고 사치하며 근본인 농업에 힘쓰지 않고 전답을 다스리지 않습니다. 남자와 여자가 꾸미는 것을 즐기고 집 안에는 한 말이나 한 말 두 되의 곡식 그릇이 없는데도 거문고를 타면서 집에서 놀고 있습니다. 이 때문에 초나라와 조나라의 백성들은 고르게 가난하고 부자가 적습니다.

송宋나라와 위衛나라와 한漢나라와 양梁나라의 백성들은 근본인 농사짓기를 천직으로 알아 즐겁게 일을 합니다.

인구가 많아 백성들의 집이 즐비하고 백성들의 살림살이가 비슷합니다. 그러니 사람들이 불어나도 넉넉하지 않은 이가 없습니다.

그러므로 이로운 것은 스스로 아끼는 데 있지 형세가 좋은 길거리에 사는 데 있지 않습니다. 부유한 것은 검소하게 생활하는 데 힘쓰고 때를 따르는 데 있는 것이지, 이득을 도모하며 해마다 모으고 쌓는 것에 있지 않습니다.

大夫曰 대부가 말했다.

오행五行에서 동쪽은 목木이므로 단양丹陽과 장산章山에는 금과 동金銅의 산이 있다. 남쪽은 화火이므로 교지交趾에는 대해천大海川이 있다. 서쪽은 금金이므로 촉蜀과 농서隴西에는 좋은 재목이 나는 숲이 있다. 북쪽은 수水이므로 유도幽都에는 모래가 쌓인 땅이 있다.

이것은 하늘과 땅이 있고 없는 것들은 균등하게 배치해서 상생相生과 상극相克으로 만물이 유통되도록 하게 한 것이다.

지금 오吳나라와 월越나라의 대나무, 수隋나라와 당唐나라의 재목들은 다 사용하지 못하고 있다. 조나라와 위나라와 양나라와 송나라에서는 나무가 없어 관을 짜지 못하고 시신을 버린다.

강과 호수의 물고기들이나 동래東萊와 황현黃縣의 복어는 가져다 팔 곳이 없어 다 먹지를 못하고 버린다.

추鄒나라와 노魯나라와 주周나라와 한韓나라에서는 식량이 모자라 명아주잎과 콩잎으로 식사를 한다. 이것은 모두 유통되지 못하기 때문이다.

하늘과 땅의 이로움이란 넉넉하지 않은 것이 없고, 산과 바다의 재화는 부유하지 않은 것이 없다. 그러나 백성들이 궁핍하고 재용이 부족하며 많음과 적음이 고르지 않은 것은 천하의 산물과 재물들이 골고루 흩어져 있는 것을 유통시키지 않기 때문이다.

문학이 말했다.

옛날에는 다듬지 않은 서까래로 집을 짓고 띠로 이은 지붕을 다듬지 않았으며, 거친 베옷을 입고 흙으로 만든 그릇(질그릇)에다 밥을 먹었습니다. 쇠를 주조하여 호미 등 농기구를 만들고 찰흙을 이겨서 그릇을 만들었습니다.

공인工人들은 기묘하게 만들지 않았고 대대로 입고 먹는 것들이 아니면 보배로 여기지 않았습니다. 각각 자신이 사는 곳에서 편안해하고 그 풍속을 즐기고 그 땅에서 나는 먹는 것들을 달게 여겼습니다. 질그릇을 쓰는 것을 당연하고 편리하게 여겼습니다. 이 때문에 먼 지방의 물건들을 교역하지 않았으며 곤륜산의 옥도 중원에 이르지 않았습니다.

지금은 세상의 미풍양속이 무너지고 음란하고 사치스런 것만을 다투어 찾게 되어 물건 만드는 여자들은 섬세한 제품을 생산하는 데 힘쓰고 공인들은 기교를 부리는 데 힘씁니다. 소박한 것들을 조각하면 진귀한 것들과 비교하여 진귀한 것만을 높이며, 산에 굴을 파고 돌을 뚫어 금과 은을 구하며 깊은 연못 속으로 헤엄쳐 들어가서 진주까지 구합니다. 올가미와 함정을 설치하여 무소뿔과 코끼리 상아를 구하고 강물에 그물을 쳐서 비취도 구합니다.

이에 오랑캐인 만족蠻族과 맥족貉族의 물건들을 구하여 중국을 어지럽히고, 1만 리나 되는 곳의 재물들을 교역하여 날을 헛되게 보내고 노력을 허비하지만 사용하는 데는 보탬이 없습니다.

이 때문에 베옷을 입은 지아비들이나 지어미들은 고달픔에 피로하고 힘을 다해도 먹고 입는 것이 부족한 것입니다.

부의 근본에 대해 논하다 | 35

그러므로 임금은 넘쳐나는 이익을 금지하고 새 나가는 비용을 절약해야 하는 것입니다. 넘쳐나는 이익을 금지하게 되면 백성들의 쓰임새는 넉넉해집니다. 이 때문에 백성들의 삶에는 재물의 궁핍함이 없고 죽어서도 시체로 굴러다니는 일이 없을 것입니다.

大夫曰 대부가 말했다.

옛날에는 궁궐을 짓는 데 법도가 있었고, 수레와 의복에도 사용법이 있었다. 서까래를 다듬지 않고 초가지붕을 자르지 않는 것은 선왕先王의 법도가 아니었다.

군자는 절약과 사치에서 검소한 것에 대해 꾸짖기를, 검소해지면 고루하게 된다고 했다.(『논어』, 술이편)

옛날에 손숙오孫叔敖가 초나라의 재상이 되었는데도 그의 아내는 비단옷을 입지 않았고 말에게 곡식을 먹이지 않았다. 공자가 말하기를, '옳지 않은 것이다. 크게 검소한 것은 아래를 궁핍하게 하는 것이다.'라고 했다.

관자가 말하기를, '궁실宮室을 치장하지 않게 되면 재목을 다 사용하지 못하고, 주방에 고기를 가득 채우지 않으면 새와 짐승들은 그의 수명을 줄이지 않게 된다. 말단인 상인들의 이익을 없애면 농업이 나아갈 바가 없게 된다. 임금의 예복에 놓은 수, 곧 보불黼黻을 없애게 되면 여공들이 노력한 바를 이루지 못한다.'라고 했다.

그러므로 공인과 상인과 재인梓人과 장인匠人들은 국가에서 사용하는 기구와 기계들을 준비하는 것이다. 예부터 지금까지는 유독 이러한 것을 그르게 여겼다.

정鄭나라의 상인인 현고弦高*는 주周나라에 소를 팔고, 진秦나라의 오고대부五羖大夫인 백리해百里奚**는 수레에 품을 팔아 진나라로 들어갔고, 노나라의 공수자公輸子는 그림쇠와 곱자로 솜씨를 자랑했고, 오吳나라의 구야자甌冶子는 쇠를 녹여 검을 만드는 주형의 틀에 넣었다.

　농사꾼과 상인이 교역을 하는 것은 근본인 농업과 말단인 상공업을 이롭게 하는 것이다.

　험한 산에 살거나 외진 연못가에 살거나 쑥이 나고 메마르고 돌이 많은 곳이라도 재물은 균일하게 유통되어야 한다. 이래야 홀로 배부르거나 홀로 굶주리지 않는 것이다.

　만약 각자가 그가 처한 곳에서 살며 그들이 생산한 것만 먹게 되면 강남의 귤이나 유자는 판매되지 못하고, 구연胸衍이나 노鹵의 소금은 나오지 않게 되며, 모직물이나 담요 등은 시장에 나오지 않게 되고, 오나라와 당나라의 재목을 사용되지 못할 것이다.

---

*　현고弦高: 춘추시대 정鄭나라의 상인으로, 주周나라에 소를 팔러 가다가 진秦나라의 대군을 만나자 소를 잡아 잔치를 열어 주고 군사들을 안심시킨 뒤 정나라에 알려서 진나라의 군사를 멸망시키게 했다.

**　백리해百里奚: 본래 우虞나라의 대부였으나 진晉나라가 우나라를 멸망시킬 때 포로가 되었다. 도망하여 초나라에 있다가 체포되어 진秦나라의 목공穆公이 양가죽 다섯 장으로 그를 사서 대부로 삼았다. 이에 오고대부五羖大夫라고 했다.

文學曰 문학이 말했다.

『맹자』에 이르기를, '농사의 시기를 위반하지 않으면 곡식의 생산량을 다 먹지 못할 것이다. 잠업과 삼을 키우는 것을 제때에만 하게 하면 베옷이나 비단옷을 다 입지 못한다. 도끼나 자귀를 산림에 들이는 것을 제때에만 하게 하면 재목들을 다 쓰지 못한다. 사냥을 하고 물고기 잡는 것을 제때에만 하게 하면 물고기와 고기를 다 먹을 수가 없다.'라고 했습니다.

그러나 지금같이 궁실을 장식하고 누대를 쌓으며, 재인과 장인이 큰 것을 깎아서 작은 것을 만들고, 둥근 것으로 모난 것을 만들어 위로 구름이 있는 곳에 이르고 아래로 산림에 이르게 하면 당연히 재목은 부족해지게 됩니다.

그런 폐단으로 먹고살기 힘들면 남자들은 근본인 농업을 떠나서 말단인 상업을 하게 됩니다. 또한 새와 짐승을 본떠 교묘하게 조각하고 아름다운 것만을 꾸며 사물의 변화만을 추구하게 되면 농사는 피폐해져 곡식은 먹을 것이 부족해지게 됩니다.

부녀자들 또한 섬세하고 예쁘게 치장하기를 즐기고 재주를 다하여 교묘한 것만을 따른다면 길쌈하는 여인이 없어 실이나 베는 의복으로만 사용하는 데도 부족해집니다.

백성들이 미식을 좋아하여, 새끼를 밴 짐승이나 알을 품은 짐승들을 죽여 만드는 음식을 좋아한다면 물고기나 짐승의 고기도 부족해집니다.

지금의 세상에서 새와 짐승들이 줄지 않고 재목들이 다하지 않는 것을 근심하는 것이 아니라 지나친 사치의 끝이 없는 욕망을 걱정하는 것이며, 모직물과 담요와 귤과 유자가 없어지는 것을 근심하는 것이 아니라 나중에 좁은 집에서나마 거친 겨와 술지게미마저 없을까봐 걱정하는 것입니다.

예와 의에 기초한 변화라야 백성이 믿고 따른다

 대부가 말했다.

화폐가 만들어져 유통되어도 백성들에게 공급되지 않는 것은, 현물로써 물물거래를 아우르는 곳이 있기 때문이다.

민생의 근본을 계획하고 나라의 비축 물량을 헤아리려도 백성 가운데 굶주리는 자가 있는 것은 곡식을 쌓아두고 있기 때문이다.

지혜로운 자는 백 사람의 몫을 하지만, 어리석은 자는 자신의 값어치만큼도 일을 하지 못하는 법이다.

군주가 부를 고르게 하지 않게 되면 백성들은 만 배나 격차가 나는 부자와 가난한 자가 있게 된다. 이것이 어떤 이는 1백 년을 쓸 수 있는 여유로 쌓아 두기도 하고, 어떤 이는 술지게미도 없어 못 먹는 까닭인 것이다.

백성들이 너무 부유해지면 녹봉으로 부릴 수가 없다. 백성들이 너무 강성해지면 위엄으로 꾸짖을 수가 없다.

모여 있는 재물을 흩어지게 하고 이익을 고르게 하지 않게 되면 백성들의 삶은 균일하게 되지 않는 것이다.

그러므로 군주는 식량을 비축하고 쓰임새를 지키며, 백성들이 너무 여유롭거나 너무 부족한 것을 조절하며, 지나치게 넘치는 것도 금지하고 이익을 억제한 연후에 백성들의 집안을 넉넉하게 하고 사람들을 만족하게 하는 것이다.

 문학이 말했다.

옛날에는 덕德을 귀하게 여기고 이익을 천하게 여겼으며, 의義를 중요하게 여기고 재물을 가벼이 여겼습니다.

하夏, 은殷, 주周의 삼왕의 시대에는 덕과 의는 성대하기도 하고 쇠락하기도 했습니다. 그러나 성인들은 쇠락하면 붙잡아주고 기울어지면 안정시켰습니다. 하나라는 충성으로써 하고, 은나라는 공경으로써 하고, 주나라는 문文으로써 했습니다. 이에 공경하고 겸양하는 예가 찬연하게 빛나는 것을 볼 수 있었습니다.

그 후세에 이르러서는 예의가 무너져 내리고 미풍양속이 멸하여 종식되었습니다. 이에 녹봉을 받는 군자君子들은 의義를 버리고 재물만을 따르다 기울어졌습니다. 이 때문에 어떤 이는 1백 년 동안 쓸 수 있는 재물을 축적했고, 어떤 이는 허기진 것을 채우고 몸을 가릴 것도 없게 되었습니다.

옛날에 벼슬하는 자는 농사를 짓지 않았고 밤에 야간경비를 하는 자들조차 모두가 떳떳한 녹봉이 있어서, 이익을 위해 두 가지 일을 겸해 사사로이 재물을 증가시키는 것을 허락하지 않았습니다.

이와 같이 시행해서 어리석은 자나 지혜 있는 자나 공로가 동일하게 되고 형편이 서로 기울어지지 않았습니다.

『시경』의 소아 대전편의 시에 이르기를, '저 버려진 볏단. 이 버려진 이삭. 저 불쌍한 과부의 몫이로다.'라고 했는데, 이것은 재물을 다 가질 수 없다는 말입니다.

大夫曰 대부가 말했다.

탕왕과 문왕文王은 쇠약한 세상을 계승했고, 한漢나라는 진秦나라가 무너지는 틈을 타서 발흥했다. 한 왕조의 시작과 마침은 천지의 도道에 근거를 두었다지만 진실로 천지간에 떳떳한 것을 바꾼 것만은 아니다.

풍속이 무너지면 법을 새로 고치고 만드는데, 이것은 옛 것을 변화시키는 데 힘쓰는 것이 아니라 잃은 것을 구제하고 쇠약한 것들을 붙잡기 위한 것이다.

그러므로 백년지대계百年之大計로서의 교육은 풍속과 함께해 고치고, 화폐는 세상과 함께해 바뀌는 것이다.

하후씨夏后氏는 현패(玄貝; 검은 조개껍질)를 돈으로 삼았고, 주周나라 사람들은 자석(紫石; 자색의 조개껍질)을 돈으로 삼았고, 후세 사람들은 쇠로 만든 칼과 포布 모양의 돈이 있었다.

사물은 극極에 이르면 쇠락해지고 끝마치면 다시 시작하여 운행되는 것이다. 그러므로 쓸모없는 땅이라고 산이나 늪지대 등에 세금을 부과하여 걷지 않으면 군주와 신하가 이익을 함께하게 되고, 화폐를 금지시키지 않으면 간사한 것과 바른 것들이 함께 통용될 것이다.

대저 신하가 부유해지면 사치스러워지고, 이권을 챙겨야 사치를 누릴 수 있으며, 아래에서 이익을 전용하게 되면 나라와 백성들은 모두 기울어질 것이다.

 문학이 말했다.

옛날에는 사람들이 많이 모이는 시장에도 화폐가 없었고, 각자가 자신이 가진 것으로 자기에게 없는 것과 바꾸고, 화폐로는 실을 사고팔 뿐이었습니다.

후세에는 거북의 등껍데기와 조가비를 돈으로 사용하여 유통되었습니다. 화폐가 자주 바뀌면서 백성들에게는 거짓이 늘었습니다.

성현들은 거짓을 막는 것은 꾸밈없이 순박한 것으로써 하였고, 실수를 방지하는 것은 예禮로써 했습니다.

탕왕이나 문왕은 쇠약한 나라를 계승하여 법을 새롭게 고치되 자연스레 변화시켜서 은나라와 주나라는 흥성하기에 이르렀습니다.

한나라의 초기에는 진나라가 무너진 틈을 타서 개혁을 하지 않았고 이익만을 키우고 화폐만을 바꿔서 근본으로 돌아가고자 했습니다. 그러나 이것은 마치 불 위에서 계속 탕약을 달이면서 타는 것을 방지하고, 불을 때면서 끓는 것을 중지시키려는 모순과 같았습니다.

위에서 예를 좋아하면 백성들은 어두운 곳에서도 서로 격식을 갖추고, 위에서 재물을 좋아하면 아래 백성들은 이익 때문에 서로 죽이게 되는 것입니다.

대부가 말했다.

문제文帝 때에 백성들이 화폐를 주조하고 철을 풀무질하고 소금을 구웠다.

오왕(吳王; 유방의 조카)인 유비劉濞는 멋대로 바다와 늪지대를 관장했고, 등통鄧通*은 서산西山을 제멋대로 했다.

이에 산동山東의 간악하고 교활한 자들은 모두 오나라로 모여들었고, 진秦과 옹雍과 한漢과 촉蜀 땅의 사람들은 등통을 따랐다.

오왕과 등통이 자기들이 만든 화폐를 천하에 배포해서 혼란을 일으켰다. 그런 연유로 화폐를 주조하는 것을 금지한 것이다.

금지하여 막아 법을 세우면 간사하고 거짓된 것들은 중지되고 사라진다.

간사하고 거짓된 일이 중지되면 백성들은 망령되이 얻는 것을 기대하지 않고 각자가 그의 직무에 힘써 근본으로 돌아오지 않고 무엇을 하겠는가?

그러므로 하나의 체제로 다스리게 되면 백성들은 두 마음을 가지지 않게 되며, 화폐가 위에서부터 말미암게 되면 아래 백성들은 의심하지 않는 것이다.

 문학이 말했다.

지난날에도 화폐가 많았고 재물이 유통되었지만 백성들은 편

---

* 문제에게 사천엄도四川嚴道의 동산銅山을 하사 받아 화폐를 주조했고, 이로 말미암아 큰 부자가 되었다.

안했습니다.

그 뒤 점점 옛날의 화폐를 버리고 다시 백금白金으로 만든 거북무 늬·용무늬의 화폐를 사용했는데, 백성들은 교묘한 새로운 화폐를 많이 사용했습니다. 화폐를 자주 바꾸면 백성들은 더욱 의심합니다.

이에 천하의 각지에서 사사로이 통용되던 모든 화폐를 폐지했습 니다. 오로지 수형도위水衡都尉에 소속된 균수관均輸官, 종관鍾官, 변 동령辨銅令 세 곳의 관직에게만 명령했습니다. 이에 관리와 장인들이 이익을 탐하여 법식에 맞지 않게 만들었습니다. 그러므로 돈마다 얇 고 두껍고 가볍고 무거운 차이가 있었습니다.

농사를 짓는 사람들과 먼 변방의 사람들은 새 화폐에 익숙하지 않 아서 옛 것을 믿고 새로 제조한 것은 의심하여 가짜와 진짜를 알지 못했습니다.

장사치들은 아름다운 것을 추악한 것과 바꾸고 절반인 것을 가치 를 부풀려 갑절로 교환했습니다. 그런 돈으로 물건을 사면 진실을 잃었고 팔면 이치를 잃어 그 의혹들은 더욱 더 심했습니다.

대저 가짜 화폐를 주조하는 것은 법으로 금지했으나, 화폐의 좋고 나쁜 것들은 옛날과 별반 다름이 없었습니다.

가짜와 진짜 화폐를 가려서 선택하여 쓰려면 물건의 유통이 누적 되어 늦어지게 되고 사용하는 사람들은 더욱 그 고통을 당하게 됩 니다.

그러므로 임금은 밖으로는 바다나 늪지대의 출입을 막지 않아 백 성들의 사용을 편리하게 하고, 안으로는 화폐를 금지시키지 않아 백 성들이 화폐를 유통하도록 하는 것입니다.

국가 주도의 통제만이 능사가 아니다

 대부가 말했다.

일반 가정의 백성들도 보배로운 물건이 있으면 상자 속에 넣어 깊이 감추는데, 하물며 군주가 산이나 바다의 보물을 소유함에 있어서 어떠하겠는가?

잠재된 권세와 이익은 깊은 산이나 깊은 연못이 있어서 재산이 많거나 세력이 있는 부자나 권력자가 아니라면 능히 그 이로운 것을 유통시키지 못하는 것이다.

옛날에 소금이나 철을 국가에서 전매하지 않았을 때 조나라 완구宛朐 땅에 조병曹邴이란 이름의 일반 백성이 소금과 철을 사사로이 사고팔아 큰 이득을 얻었고, 군주로는 오왕吳王 유비劉濞가 있어 소금과 철에 관한 의논을 할 때는 두 사람의 이름이 늘 거론되었다.

오왕은 산이나 늪지대의 풍요로운 산물들을 독점하여 오나라 백성들에게 세금을 적게 거두고 궁핍한 백성들을 구제하여 개인적인 위세를 이루는 데 썼다. 결국 그 위세를 쌓아 반역하는 마음을 일으 켰다.

대저 그 근원을 단절시키지 않고 그 끝을 근심하는 것은, 마치 여 량呂梁의 큰 돌을 깨뜨려 물이 잘 흐르게 하고도 그 손상된 바가 많 음을 걱정하는 것과 같다.

태공(太公: 강태공)이 이르기를, '한 집안이 강성하면 여러 집안을 해치게 되고, 여러 집안이 강성하면 제후를 해치게 되고, 제후가 강 성하면 천하를 해치게 되어 왕법으로 금지하는 것이다.'라고 했다.

지금 백성들의 권리와 이익에 의하여 소금이나 철의 전매를 폐지 한다면 그들은 포악하고 강성해져 더 큰 탐욕을 가질 것이다. 그러 면 모든 사특한 자들이 무리를 이루고, 사사로운 이익을 탐하는 집 안들이 당黨을 결성하고, 신하들은 포악한 그들을 제재하지 못하고 간사한 신하들은 그들과 합하여 반역의 무리를 이룰 것이다.

 문학이 말했다.

보물이 있으면 백성들은 집 안에 숨기고, 제후들은 국가에 숨 기고, 천자는 해내(海內: 천하)에 숨기는 것입니다. 그러므로 백성들 은 담장으로써 감추어 숨기고, 천자는 사해四海로써 감추는 상자로 삼습니다.

천자가 제후에게 가면 제일 윗자리 당堂에 오르는데 동쪽의 계단 으로부터 오르고, 제후는 천자에게 성문 열쇠를 상납하고 문서를 들 고 명령을 들으며, 천자가 주인이고 제후 자신은 신하임을 보이는 것입니다.

이 때문에 임금은 저축하여 모으지 않고, 아래의 백성들에게 왕 자신의 모든 걸 가지게 하고 저장시켜 백성들이 물거품처럼 덧없는 이익을 멀리하고 의義에 힘쓰게 합니다. 그렇게 백성들에게 의와 예가 확립되면 나라가 교화되는 것입니다.

의와 예로 나라가 교화된다면 비록 성군인 탕왕이나 무왕이 지금 세상에 살아 있더라도 할 일과 해야 할 것이 없는 것입니다.

교화된 나라라면 상인이나 공인들에게 일을 시키고, 전설의 장인 匠人인 구야자歐冶子에게 맡긴들 어찌 가짜를 만들고 간사한 꾀를 내겠습니까?

춘추시대 때 노魯나라의 삼환三桓이 노나라를 제멋대로 하고, 진晉나라의 육경六卿이 진나라를 분리시킨 것이 소금과 철의 전매를 폐지해서 그리 된 것은 아닙니다.

그러므로 중요한 점은 권세와 이익이 산이나 바다에 있지 않고 조정에 있는 것입니다. 한 집안이 여러 집안을 해치게 되는 것은 조정에 있는 것이요, 소금과 철을 사사로이 장사한 구병(朐邴: 완구 사람 조병)에게 있지 않은 것입니다.

大夫曰 대부가 말했다.

산과 바다의 천연 재물로 사사로이 이득 보는 것을 금지시키는 법령을 두게 되면 물건 값이 안정되어 백성들의 살림은 기울지 않게 될 것이다. 시장에서 물건의 귀한 것들과 천한 것들이 공정을 유지하게 되면 백성들은 의심하지 않을 것이다.

천사께서 저울을 설치하여 매매 기준을 세우고 백성들이 사고팔고자 하는 것이 바르게 되면 비록 오 척 어린아이가 시장에 가서 물건을 사더라도 능히 속이지 못할 것이다.

지금 균수법을 폐지하여 없애면 돈이 많고 세력이 있는 백성들이 시장을 통하여 그 사용을 멋대로 하고 이익을 독점할 것이다.

시장의 가격을 백성들이 결정하게 하면 물가가 높은 것들과 낮은 것들이 그들의 입에 있게 되고, 귀하고 천한 것들이 일정한 기준이 없게 되면 상공인들은 단정히 앉아서 백성들을 속여 그들의 주머니를 채우게 될 것이다.

결국 강자를 기르고 약자를 억누르게 되어 시장에 도적들을 숨겨 주는 격이다. 이렇게 되면 백성들을 동등하게 하는 것이 없어져서, 마치 온갖 잡초가 무성해져서 오곡을 해치는 것과 같을 것이다.

한 집안이 모든 집안을 해친다는 것이 구병胸邴에게 있지 않고 무엇에 있겠는가?

 문학이 말했다.

산이나 바다는 재물의 보배로운 터전입니다.

쇠로 만든 농기구는 농부의 필수 기구입니다. 필수 기구를 사용하여 자라는 곡식을 해치는 원수 같은 잡초들을 없애는 것입니다. 원수들이 없어지면 전답이 개간됩니다. 전답이 개간되면 오곡이 익게 되는 것입니다.

산이나 바다의 보배로운 터전이 열리게 되면 백성들이 넉넉해지고 백성들이 사용하는 것도 넉넉해집니다. 백성들의 사용이 넉넉해지면 국가는 부유해지는 것입니다.

국가가 부유해지고, 예로써 가르친다면 길을 가면서도 사양함이 있게 되고, 공인이나 상인들이 이득을 위해 미리 계획을 세우지 않게 됩니다.

이러한 길로 말미암게 되면 사람들이 돈후하고 순박한 마음을 가지고 서로 접촉하여 이로운 것만을 꾀하지 않을 것입니다.

대저 진나라와 초나라와 연나라와 제나라는 땅의 힘이 서로 동일하지 않고, 억세고 부드러운 지형과 형세가 달라서 물산物産의 크고 작은 것과 사용 방법이나 마땅한 쓰임이 마을마다 다르고, 풍속도 달라 각각의 편리한 바가 있습니다.

천자께서 그런 점을 간과하고 모든 제후국을 망라하여 하나의 기준으로 통일한다면 쇠로 만든 기구들은 그 마땅함을 잃게 되고, 농부들은 그 편리함을 잃게 될 것입니다.

농기구를 사용하는 것이 불편하면 농부는 들에서 피로하게 되고 잡초들을 제거하지 못할 것입니다. 잡초가 제거되지 않게 되면 백성들은 곤궁하고 피곤할 것입니다.

소금을 만들거나 광산을 채굴하는 것은 모두 산천에 의지하며, 쇠를 달구는 데는 숯이 필요하니, 모두 어렵게 만들어지는 것입니다.

군郡에서는 병역의 임무를 감당하지 못하는 이가 많아 돈으로 사람을 사서 대신 보내고 있습니다.

현縣이나 읍邑에서는 혹은 호구戶口에 따라서 철을 세금으로 부과시키는데 그 기준치를 낮추어야 합니다.

지체 있고 돈 많은 집안에서는 일꾼에게 품삯을 주고 소금과 철을 운반시키는데, 번거롭고 비용을 많이 소모시키며, 그 비용을 백성들에게 떠넘겨 괴롭게 합니다.

어리석은 사람도 관리 한 사람이 1천 리에 손해를 끼치는 것은 몰래 보았지만, 그것이 구병胸邴에게 있다는 것을 아직까지는 보지 못했습니다.

6

막대한 군비가 재정 부족의 원인이다

大夫曰 대부가 말했다.

선수도위扇水都尉 팽조彭祖가 상喪을 치르고 돌아와 말하기를, '소금이나 철의 법령은 그 법령이 매우 밝았다. 병사들이 입고 먹는 것은 천자께서 주시고 철기들을 주조하고 만들어서 사용하는 것이 매우 많았으나 백성들 생활에는 방해가 되지는 않았다. 그러나 관리가 정직하지 않으면 금령이 잘 행해지지 않아서 백성들이 번거롭고 고통스러워했다.'라고 전했다.

지금 소금과 철을 전매하게 하는 뜻은 유독 이익만을 위한 것이 아니라, 장차 국가의 근본인 농업을 세우고, 사농공상士農工商의 말단인 상업과 공인들을 억제하고, 떼를 지어 만드는 사사로운 붕당朋黨을 해체하고, 음란과 사치를 금지시켜 이런저런 방법으로 부를 축재하는 길을 단절시키려는 것이다.

옛날에 이름난 산이나 큰 호수들을 제후에게 봉토로 주지 않은 것은 멋대로 이익을 전용하는 것을 막기 위해서였다. 산이나 바다에서 생기는 이익이나 넓은 호수에서 기른 것들은 하늘과 땅에서 저장한 것이므로 모두 중앙정부 관할 관청에 귀속시켜야 마땅한 것이다.

지금 폐하께서는 사사로이 처결하지 않으시고 대사농大司農에게 소금과 철을 소속시켜 백성들의 생활을 돕게 하고 있다.

각지를 떠돌아다니며 먹고 사는 유랑민 무리가 산이나 바다의 재물을 무단 독점하여 그 이익으로 부자가 되어 근본을 잃고, 가난한 백성들의 노동으로 재물을 모으고 있다. 그러므로 산이나 바다를 무단으로 쓰는 일을 저지하고자 의논하는 자들이 많은 것이다.

철기와 칼, 창 등 날이 서 있는 병기는 천하에서 널리 사용하는 것들이나, 농기구 외에 철과 그다지 관련 없는 일반 백성들에게 문제가 될 게 아니다.

지난날 강성한 집안, 대가大家들이 산과 바다의 이익을 관리하는 권리를 얻어 철광석을 채굴하여 쇠를 불리고 바닷물을 달여 소금을 만들었다. 세력이 있는 한 집안에서는 많은 사람들을 모았는데, 어떤 이는 1천여 명에 이르렀으며, 그들 대부분이 모두 유랑하는 백성들을 거둔 것이었다.

멀리 고향을 떠나 조상의 묘지를 버리고 세력가에게 의지하면 이들을 깊은 산과 궁벽한 호수 속에 모아서 간사하고 그릇된 일을 시키고 종내 붕당의 권세를 이루니, 그들의 경박함 또한 큰일이 아니겠는가!

지금 어진 이를 뽑는 길을 넓히고, 법을 지키는 정직한 관리들을 가려 뽑아 등용한다면 소금과 철의 전매제도를 폐지하지 않아도 백성들은 편안할 것이다.

 문학이 말했다.

　당시 선수도위 팽조가 말한 것은 그 당시의 권세가들의 권력을 유지하려는 권도(權道: 임시방편)였으며 일체의 술수였습니다.

　전매제도는 가히 오래도록 행하여 대대로 전할 수 있는 것이 아니었습니다. 이것은 명철한 왕이 제후국이나 백성들을 자식처럼 사랑하는 도가 아닌 것입니다.

　『시경』의 소아 소민편에 이르기를, '슬프다. 계획하는 이는 옛 성인을 본받지 않고 떳떳한 도리를 안 지키며 오직 경박한 말만 따르네.'라고 했습니다. 이 시는 왕도王道는 통하지 않고 이익만을 잘 저울질하는 자들을 풍자한 것입니다.

　효무황제(孝武皇帝; 武帝)께서 구이(九夷: 산동 쪽의 9개 소수민족 국가)를 물리치고 백월(百越: 운남성과 귀주성 남쪽의 소수민족 국가)을 평정하는 데 군사들을 자주 일으켜 양식이 부족했습니다. 그러므로 전관田官의 관직을 설치하고, 돈을 주조하는 관리를 두었으며, 곡식을 바치고 관직을 얻게 했습니다. 이로써 시급한 과제인 넉넉하고 넉넉치 못한 것을 구제케 했습니다.

　지금의 폐하께서는 선왕들이 힘써 만든 나라를 계승하여 힘든 백성들을 보살피고 있습니다. 먹기 편한 묽은 죽과 된 죽으로 자상한 마음을 써 노인들을 봉양하여 보살폈습니다.

　그러나 현명한 폐하께서 즉위한 이래로 이에 6년인데, 신하들과 공경들은 불필요한 관직을 감소시키고 이익만을 챙기는 사람들을 줄이거나 파면하는 개혁을 청하지 않았습니다.

신하와 공경들은 너무 오랫동안 입신양명을 위해 저울질만 해 왔고 백성들은 너무 폐하만을 바라보았습니다.

폐하께서는 널리 성스런 덕을 베푸시어 제후국의 작은 관직인 현량과 문학의 선비들에게까지 역마를 타고 공무에 쓰는 수레를 이용하게 하여, 오제五帝와 삼왕三王의 도道와 육예六藝*의 교화를 의논케 하고, 나라의 안전함과 위태함, 이익과 손해의 분수를 명확히 논의하게 하니, 백성을 위하는 폐하의 뜻은 찬연히 빛날 것입니다.

지금까지 대부께서 말씀하신 것은 이른바 작은 절개를 지키고 큰 도리를 버리는 것이며, 작은 이익만을 챙기고 큰 이익을 망각하는 것입니다.

大夫曰 대부가 말했다.

처마와 기둥 안에 있는 제비나 참새는 하늘과 땅의 높이와 넓이를 알지 못하고, 구덩이나 우물 속의 개구리는 강이나 바다의 거대함을 알지 못한다.

궁색한 지아비나 촌스런 지어미는 국가의 정책을 알지 못하고 등짐을 지고 다니는 상인은 춘추시대 노나라의 부자 의돈猗頓의 부유함을 알지 못하는 것이다.

---

* 오제는 상고시대의 복희伏羲, 신농神農, 황제黃帝, 요堯, 순舜이다. 삼왕은 우왕禹王, 탕왕湯王, 문왕文王, 무왕武王이다. 육예는 예禮, 악樂, 사射, 어御, 서書, 수數의 여섯 가지 기예를 말한다.

선황제께서는 나라의 이로운 계책을 세우시고, 호胡와 월越의 군사를 계산하시어, 적이 약하여 쉽게 제압할 때를 알아 힘을 적게 사용하셨다. 그렇게 형세의 변화를 보아 사방의 오랑캐를 토벌해 나라의 땅이 산과 바다에 이르게 했다. 이에 장성長城을 넘어 북방의 하수下水 밖까지 순회하고 흉노의 고향까지 길을 열었으나 완전한 대업을 마치지는 못했다.

주나라 문왕文王은 숭崇나라를 정벌하여 풍豐 땅에 도읍을 세웠으며, 무왕은 문왕을 계승하고 문왕의 위패位牌를 싣고 은殷나라를 정벌하고 상商나라를 무너뜨려 폭군 주왕을 사로잡아 제왕의 업을 성취시켰다.

춘추시대 노魯나라의 조말曹沫은 제齊나라와 세 번 싸워 세 번 다 패배한 치욕을 뒤로하고 다시 한 번 제나라 환공을 위협하여 영토를 회복했다.

제나라의 관중은 공자公子 규糾를 도와 환공과 적대 관계였으나 뒤에는 환공에게 등용되어 패업霸業의 공로를 세웠다. 그러므로 뜻이 큰 자는 작은 것을 버리는 것이며, 권도權道를 사용하는 자는 세상의 속된 일과 다르게 하는 것이다.

관리들은 태공망太公望의 계획을 생각하고 선제의 사업을 성취시키는 데 뜻을 두어 호胡와 맥貉의 연합을 단절시켜 오랑캐 왕 선우單于를 사로잡을 수 있었다. 그러므로 문만 두드리듯 현실을 모르는 융통성이 없는 선비들과는 의논을 할 겨를이 없다.

文學曰 문학이 말했다.

제비나 참새는 사는 집을 벗어나면 새매나 송골매에게 잡히는 근심이 있고, 구덩이와 우물 속의 개구리는 그가 사는 곳을 떠나면 뱀이나 쥐에게 잡힐 것을 걱정하는데, 하물며 높은 곳을 날아다니며 천하 사해를 내려다보며 높은 곳에서 노닌다면 그 위험이 얼마나 많겠습니까? 처지마다 재앙은 크고 작을 수 있습니다.

진秦나라의 이사李斯가 나는 새를 잡아 날개를 꺾고, 어리석은 조고趙高는 자기가 옹립한 자영에 의해 죽은 것과 같은 맥락입니다.

주나라의 문왕과 무왕이 하늘의 명을 받아 불의한 적들을 토벌하여 제후와 대부들을 안정시켰다는 소문은 들었지만, 제하(諸夏: 중국)를 내주며 이夷와 적狄 오랑캐를 복종시켰다는 말은 듣지 못했습니다.

옛날 진나라는 항상 천하를 힘으로 다스리려고 끝없이 천하의 재물을 다하여 호胡와 월越과 싸웠지만 끝내 정벌하지 못했습니다.

자주 전쟁을 하게 되면 백성들은 피로해지고 오래도록 병사를 사용하면 병사들은 피폐해지는 것입니다. 이것이 백성들이 고통스럽게 여기는 바이며, 융통성 없는 선비들의 걱정이기도 한 것입니다.

7
힘에 의한 통치는 결국 나라를
위태롭게 한다

大夫曰 대부가 말했다.

옛날 상군商君*이 진秦나라의 재상이 되어 안으로는 법도를 세우고 형벌은 엄하게 하고, 정치와 교육을 정비하니, 간사하고 거짓된 것들이 용납되는 곳이 없었다. 외교 정책으로 나라 밖에서 1백 배나 되는 이익을 얻게끔 만들고, 산이나 늪지대를 이용하여 세금을 거두어 국가를 부유하게 만들었다. 그러자 백성들이 자신감으로 강

---

* 상군: 상앙商鞅. 기원전 395년?~기원전 338년. 전국시대 진나라의 유학자이자 법가를 대표하는 정치가. 상나라를 분봉 받아 후작이 되어 상앙이라 불렀다. 주나라 왕족과 위나라 공족의 후예였으며, 생전에는 유학자를 자처하였다. 거열형의 창시자였는데, 후일 그 자신이 거열형으로 처형된다. 부국강병의 술책으로 진효공을 설득하여 두 차례의 변법을 성공시켜 약소국 진나라를 일약 강대국으로 만들어냈다.

해졌으며 연장이나 기구 기계들을 완비하여 갖추고 비축한 재화들도 여유가 있었다.

이러한 힘으로 적을 정벌하고 다른 나라를 공격하여 땅을 빼앗고, 국경을 늘리고 개척하여 백성들에게 세금을 징수하지 않아도 군사들을 넉넉하게 보살필 수 있었다. 그 당시 재물을 사용해도 모자라지 않았고 백성들은 풍족하여 나라의 재정을 알려 하지도 않았다.

땅은 서쪽의 하수河水까지 이르렀고 변방의 백성들은 괴로워하지 않았다.

소금이나 철의 이익으로 백성들이 시급한 때에 도와주어도 군대의 비용은 충분했으며, 비축에 힘쓰고 궁핍을 대비하여 넉넉히 모아둔 것이 매우 많아 비축 분을 국가의 예산으로 써도 백성들은 걱정하는 바가 없었다.

백성들이 무엇 때문에 고통스러웠으며, 문학은 무엇을 걱정하는 것인가?

 문학이 말했다.

옛날 문제文帝 때에는 소금이나 철의 이익이 없었지만 백성들이 부유했습니다.

지금은 소금이나 철의 이익이 있지만 백성들이 궁핍하고 가난한 것은, 이롭다는 것이 이로운 것을 드러내지 않고 그 해로운 것만을 드러내기 때문입니다.

이로운 것이란 하늘에서 떨어지는 것도, 땅에서 솟아나는 것도 아니며 오로지 백성에게서 나오는 것이기에 1백 배의 이익이 있다고 하는 것은 백성들의 살림을 들여다보지 않고 하는 계산의 실수입니다.

이것은 어리석은 사람이 가죽옷을 뒤집어 입고 나무 섶을 지는 것과 다름이 없어서, 그는 가죽옷의 털을 아낀다고 하지만 그 가죽이 닳아 없어지면 털이 붙어 있지 못하다는 것을 알지 못하는 것입니다.

한 해에 오얏이나 매실의 열매가 많으면 다음해에는 반드시 수확이 적어지고, 햇곡식이 익으면 지난해에 비축한 곡식을 먼저 줄여야 하는 것입니다.

하늘과 땅은 무엇으로도 가득 차게 할 수 없는데 하물며 사람의 일이겠습니까? 그러므로 저쪽에 이로운 것이 이쪽에는 쓸모가 없는 것처럼, 마치 달과 해가 함께 빛나지 못하고 밤과 낮이 길고 짧은 것이 있는 것과 마찬가지인 것입니다.

상앙이 엄한 형벌과 영구한 이익을 내세워서 진나라 사람들이 안심하고 살지 못하게 되자 서로 더불어 진나라를 일으킨 제후 효공孝公*을 그리워하며 곡을 했습니다.

『오자병법』을 쓴 전국시대 초나라 오기吳起는 오랫동안 전쟁을 일으켜 공격하여 빼앗았고 승리하였으나 전쟁으로 지친 초나라 사람들은 도왕悼王을 위해 울었습니다. 그 뒤에 초나라는 나날이 위태로

---

*   진 효공秦孝公: 기원전 381년~기원전 338년. 전국시대 진나라의 제25대 군주이다. 군주의 자리에 오른 후에 온힘을 다하여 치국에 힘써 진나라를 무시했던 제후들을 마음속으로 깊이 승복시키고 아래로는 영을 내려 인재를 찾았다. 위衛나라 출신 상앙을 중용, 두 번에 걸쳐 변법을 시행하여 국력이 크게 신장되어 강대국으로 부상했다. 젊은 나이인 44세에 병이 들어 죽었다.

워졌고 진나라는 나날이 약해졌습니다. 그러므로 이로운 것을 쌓아도 원망이 쌓이게 되고, 땅이 서하西河까지 넓어도 재앙에 얽히게 된다면 땅이 넓은 것이 백성들이 고통스럽지 않게 하는 데 어떤 상관이 있다고 하겠습니까?

지금 상앙의 계책으로 안을 맡기고, 오기의 군사로 밖에 사용하게 되면, 길을 가는 자는 길에서 피곤하게 되고, 집에서 사는 자는 안에서 궁핍할 것이며, 늙은 어머니는 소리쳐 울고 원망하는 여인은 탄식할 것입니다.

제가 근심하지 않으려고 하지만 지금 세상을 보며 어찌 편안함을 얻을 수 있겠습니까?

大夫曰 대부가 말했다.

진秦나라에서는 상앙을 등용하여 국가를 부유케 하고 강성하게 했으며, 그 뒤 마침내 6국을 합병하여 제왕의 사업을 성취시켰다.

그러나 2세 황제 때에 이르러 간사한 신하들이 자기 이익을 위해 제멋대로 결정하여 공적公的 도道가 행해지지 않았고, 제후들이 모반하고 종묘가 무너져 멸망했다.

『춘추』에 이르기를, '보잘것없는 말이기 때문이었다. 왜 보잘것없는 말이라고 했는가? 제중(祭仲: 정鄭나라의 대부)이 없기 때문이었다.'라고 했다.

노래를 좋아하는 사람은 잘 부르는 사람을 시켜 노랫소리가 계속되게 하고, 만드는 것을 잘하는 자는 사람을 시켜서 그의 공로를 대를 이어가게 해야 한다.

수레바퀴를 잘 만들던 부자負子가 기술을 가르쳐 대를 이어 오늘도 수레는 구르는 것이다.

주나라의 도가 성취되었던 것은 주공周公의 힘이었다.

정나라에서 문서를 만들 때 비침神諶이 초안을 잡고, 세숙世叔이 검토하여 의견을 제시하고, 자우子羽가 문장을 꾸미고, 자산子産이 잘 다듬었다.

주나라의 문왕과 무왕이 그림쇠와 곱자가 있어도 주공과 태공망이 장부에 맞는 구멍을 깎지 않았다면 천하의 태평성대는 성취되지 못했다.

지금 환관 조고趙高가 진秦나라를 멸망시킨 것으로 상앙을 비난하는 것은 마치 숭나라 제후崇侯인 호虎가 은殷나라를 어지럽힌 것으로 탕왕 때 현명한 재상 이윤伊尹을 비난하는 것과 같은 것이다.

文學曰 문학이 말했다.

땅에 구멍을 바르고 깊게 잘 뚫어 기둥을 잘 세우면 두루 높이 세워도 뽑히지 않게 되는 것이며, 곧 기초를 잘 다지는 자는 높이 세워도 넘어지지 않게 합니다.

은나라의 이윤은 요임금이나 순임금의 도를 은나라의 국기로 삼아 자손들이 계승해서 1백 대까지 단절되지 않았습니다.

반면 상앙은 무거운 형벌과 엄격한 법을 진秦나라의 국기로 삼았으나 2세 황제 때에 나라를 빼앗겼습니다. 형벌이 이미 매우 엄격한데 또 연좌법連坐法을 만들고, 비방죄를 만들어 심한 형벌을 더하자 백성들이 두려움에 떨며 손과 발을 놓을 곳을 알지 못했습니다. 세금을 자주 징수하고, 밖으로는 산이나 호수의 천연 자원을 캐내는 걸 금지하고, 안으로는 1백 배의 이익을 얻는 것을 설치했다고 거짓으로 공표하였습니다. 그런 상황에 백성들은 말을 할 수도 의견을 개진할 수도 없었습니다.

이익만을 높이 평가하고 의義의 가치를 간략하게 평하며, 강한 힘을 높이고 업적만을 숭상한다면 땅은 넓어지고 토지는 많아질 것입니다.

그러나 이것은 마치 사람이 수병(水病: 지금의 당뇨병)에 걸린 것과 같아서 갈증으로 물을 마시면 병이 깊어지는 것과 같은 것입니다. 그것은 진秦나라를 위해 제왕의 업을 연 것만을 알고 진나라가 망한 도道에 이른 것을 알지 못하는 것입니다.

어그러지게 구멍을 파게 되면 비록 유명한 기술자 공수자公輸子라도 장부를 구멍에 맞춰 안정시킬 수가 없는 것입니다. 작은 삼태기의 흙 위에는 아무리 뛰어난 장인匠人이라도 그 위에 높은 건물을 세우지 못하는 것입니다. 비유컨대 마치 가을의 쑥이 서리를 맞고 다시 바람을 만나게 되면 떨어지는 것과 같습니다.

그때에는 비록 열 명의 자산(子産: 정鄭나라의 대부)이 있은들 어떻게 하겠습니까? 그러므로 뛰어난 의사인 편작扁鵲이라도 뼈에 살을 붙이지 못하고, 미자微子나 기자箕子라도 멸망하는 상商나라를 보존시키지 못하는 것입니다.

大夫曰 대부가 말했다.

말은 어렵지 않지만 행동하는 것이 어려운 것이다. 그러므로 어린아이는 순수하고 진실에 근거하여 공을 드러내고 쓸데없는 헛된 문장만을 나열하지는 않는 것이다.

옛날에 상앙은 막힌 곳을 열어 닫는 개색開塞의 술수로* 권력을 빌려 진나라를 위해 이로운 것을 이루고 공업을 성취시켰다. 이 때문에 싸우면 이기고 공격하면 빼앗았다. 가까운 곳은 군사력을 보여주는 것만으로 적에게 겸병필승謙兵必勝하고, 다루기 힘든 먼 곳은 멸망시켰다.

연燕나라와 조趙나라를 이기고 제齊나라와 초楚나라를 멸망시키니 제후들이 옷깃을 여미고 서쪽을 향하여 머리를 조아리며 가르침을 청했다.

진시황제 때 몽염蒙恬 장군이 오랑캐 호胡를 정벌하여 1천 리의 땅을 개척하고 하수의 북쪽을 넘어서 마치 썩은 흙담을 무너뜨리고 썩은 나무를 꺾듯이 했다. 어떻게 가능했는가?

몽염은 상군이 남긴 계책을 정리 정돈하여 평소 준비했기 때문이다. 그러므로 상앙이 쓴 『상군서』를 읽으면 이익이 있고 행동하면 공로가 있었다.

나라가 재물을 저축하고 계책을 사용하는 것은 강력한 국가가 되고자 하는 것이다. 따라서 그 뜻을 쇠퇴시켜서 행하지 않고, 백성들

---

* 개색지술開塞之術: 상앙의 『상군서』에 있는 말. 막힌 것을 열어 주다. 곧 유통이 안 되는 것을 유통시키는 것.

에게 소금과 쇠가 돌아가도록 한다면, 거대한 계획을 보고도 큰 뜻大
道을 이루지 못하게 되는 것이다.

文學曰 문학이 말했다.
상앙이 쓴 막힌 것을 열어 주는 계책은 그리 어려운 것이 아
니므로 행하지 못할 것도 없습니다. 몽염 장군이 호胡의 1천 리 땅을
넓힌 것은 공로가 없지는 않습니다. 그러나 이들이 진나라가 멸망하
게 된 원인입니다.

상앙이 권모술수로써 진나라를 위태하게 하고, 몽염 장군이 1천
리의 땅을 얻었어도 진나라의 사직은 멸망했습니다.

이 두 사람은 이로운 것만을 알고 해로운 것은 알지 못했으며, 나
아가는 것만 알고 물러나는 것은 알지 못했습니다. 이것을 이른바
좁은 방에 갇힌 지혜여서 어리석은 사람의 계책이라고 하는 것입니
다. 두 사람에게 대저 어떤 큰 도가 있겠습니까?

그러므로 이르기를 '소인小人은 먼저 합하지만 뒤에는 거스르기
에, 처음에는 비록 말을 타고 출세하나 마침내는 반드시 피눈물을
흘린다.'(『주역』)라고 한 것은 이러한 것을 이른 것입니다.

大夫曰 대부가 말했다.
깨끗하고 아름다운 사람은 추악한 사람들이 질투를 하고, 현
명하고 지혜 있는 선비는 용렬한 사람들의 미움을 사는 바이다. 이
때문에 상관대부上官大夫는 경양왕頃襄王에게 굴원(屈原; 초나라의 삼
려대부三閭大夫)을 헐뜯어 말했고, 공백료公伯寮는 계손季孫에게 자로

(子路: 공자의 제자로 정사에 능했다)를 참소했다.

대저 상군商君은 이름 없는 포의布衣로서 일어나 위魏나라에서 진秦나라로 들어가 1년 만에 재상이 되었고, 법을 고치고 교화를 명백하게 해 진나라 사람들을 널리 다스렸다. 그가 군사들을 동원하면 땅을 점령했고, 그가 군사들을 휴식시키면 국가가 부유해졌다. 이에 효공孝公이 상군으로 인해 크게 기뻐하고 상商 땅에서 사방 5백 리를 봉토로 하사했다. 상군의 공로는 언덕이나 산처럼 높았고 명성은 후세에 전해졌다. 세상 사람들이 능히 하지 못했던 일을 해낸 것이다. 이 때문에 서로 더불어 상군의 능력을 질투하고 그의 공로를 헐뜯는 것이다.

문학이 말했다.

군자君子는 반드시 도道로써 나아가고, 물러날 때에는 의義를 잃지 않으며, 재능이 뛰어나도 자랑하지 않고, 수고해도 자랑하지 않고, 지위가 높아도 공손하게 행하며, 공로가 커도 이치를 따릅니다. 그러므로 세상에서는 그의 능력을 미워하지 않고 그의 업적을 질투하지 않는 것입니다.

상앙은 도道를 버리고 권세만을 사용하며 덕德을 무너뜨리고 힘에만 맡겨, 엄한 법과 가혹한 형벌로 모질게 하는 것을 습관으로 삼았습니다. 또 옛 친구를 속여 자기의 공로로 삼았으며, 공자公子 건虔과 그의 스승 공손가公孫賈의 공족公族들에게 형벌을 사용하여 위엄을 세웠고, 백성들에게는 은혜로움이 없고 제후들에게는 신용이 없었으며, 남에게 원한을 사고 가족들과도 원수가 되었습니다.

비록 공로를 얻고 봉함을 받았으나 오히려 독이 든 고기를 먹고 배부른 것을 기뻐하는 것과 같은 것입니다.

소진蘇秦과 장의가 합종책과 연횡책으로 여섯 나라를 다스려 거느렸으니, 그들의 업적이 크지 않은 것은 아닙니다만 오래가지 못했습니다.

폭군 걸왕과 주왕이 요임금이나 순임금과 함께 일컬어지며 지금까지 이름이 전해 오지만 귀하게 여기는 일은 아닙니다.

역사에 부끄러운 이름만을 남겼으며 족히 귀하지 못한 것입니다. 그러므로 올바른 시각에서 보면 일이란 구차하게 많은 것을 귀하게 여기지 않는 것이고, 명성이란 구차하게 강권하는 것을 귀하게 여기지 않는 것입니다.

大夫曰 대부가 말했다.

흰 옷은 스스로는 검은 것을 분별하지 못하고, 현인이나 성인은 말뿐이지 스스로는 어지러운 세상을 다스리지 못한다.

이 때문에 은殷나라의 기자箕子는 감옥에 갇혔고, 왕자 비간比干은 심장이 갈라지는 형벌을 당했다.

오원伍員은 오吳나라의 합려闔閭를 도와 패업을 이루었으나 부차夫差는 부도不道하여 죽은 오원의 시체를 가죽 부대에 넣어서 강물에 던졌다.

악의樂毅는 연燕나라 소왕昭王에게는 신임을 받고 공로가 있었으나 혜왕惠王에게는 의심을 받았다. 신하 된 자는 절개를 다하여야 하고 명예가 뒤따라야 하는데, 세상에서 군주에게 등용되는 것을 만나지 못한 것이다.

대부종大夫鍾은 월越나라 왕을 도와 깊은 계책을 만들어 마침내 강력한 오吳나라의 왕을 사로잡고, 동쪽의 오랑캐들을 숨죽이게 했지만 결국에는 촉루검(屬鏤劍: 자결하라고 왕이 내리는 검)을 하사 받고 죽었다. 교만한 군주가 은덕을 배신하고 유언비어를 듣고 그의 공로를 헤아리지 않았기 때문이다. 어찌 자신들의 죄이겠는가?

文學曰 문학이 말했다.

왕자 비간이 심장이 갈라지는 형벌을 받고, 오원이 가죽 부대에 담겨져 강물에 던져진 것은 군주에게 옳은 말을 해서 자신을 위태하게 한 것이지 명예를 간구하기 위한 것이 아니었습니다.

그들은 죽기를 각오하고 비통한 충성으로 재앙을 생각지 않으니, 그들의 뜻은 군주를 바로잡고 백성들을 구제하는 데 있었습니다. 그러므로 자신이 죽어도 원망하지 않았습니다.

군자는 능히 옳은 것을 행하지만 일어나는 모든 그릇된 것들을 방지할 수는 없습니다. 비록 형벌을 받아 죽음 가운데에 있더라도 그들의 죄는 옳은 말을 했다는 그 사실 하나입니다.

이 때문에 왕자 비간을 죽이자 은나라 사람들이 원망했고, 오자서를 죽이자 오나라 사람들이 원망했습니다.

당시 진나라 백성들은 상앙의 법을 독처럼 원망하여 사사로이 원수진 것보다도 더 미워했습니다.

그러므로 진나라의 효공이 죽은 날에 온 나라 사람들이 상앙을 공격하여 동서남북 어디에도 도망칠 곳이 없자 하늘을 우러러 탄식하여 말하기를, '슬프다! 정사를 한 폐단이 이렇게 지극함에 이르렀는 가!'라고 했습니다. 마침내 상앙은 자신이 만든 거열형(車裂刑: 살아 있는 상태에서 사지와 목을 따로따로 매달고 말을 달리게 하여 토막 내는 형벌)을 당하고 일가족이 몰살당하여 천하의 웃음거리가 되었습니다. 이러한 사람은 스스로 자신을 죽인 것이지 남이 죽인 것은 아닙니다.

8
어떤 신하가 충성스런 신하인가

 대부가 말했다.

『춘추』의 법法에는 군주와 친하더라도 요구하는 것이 없어야

한다고 했다.

군주에 대한 충성 외에 요구하는 것이 있게 되면 반드시 죽게 된

다. 군주를 시해한 것보다 더한 신하의 죄는 없고, 자식의 죄는 아버

지를 시해한 것보다 더한 것이 없다.

지난날에 회남왕淮南王과 형산왕衡山王은 공부를 하며 놀고먹는 사

방의 선비들을 불러들였다. 산동山東의 유자儒者와 묵가墨家들이 모

두 강수江水와 회수淮水 사이에 모여서 강의하고 의논한 것을 모아

수십 편의 저서(『회남자』)를 만들었다.

그러나 나중에 그들은 의를 배신하고 반역을 꾀하여 그 종족들은

처벌되기에 이르렀다.

지낭智囊으로 불리던 한나라 조조晁錯*는 법을 변화시켜 내려오는 제도를 사용하지 않고 종실들을 핍박하고 제후들의 봉지를 침범하고 권리를 삭감했다. 그러자 왕실의 울타리가 되는 제후들이 떨어져 나가고 천하가 반목하여 친하지 않게 되었다. 오나라와 초나라 등 일곱 나라의 원망이 쌓이자 조조를 참수하여 삼군三軍의 병사들을 위로하고 제후들에게 사례했다.

누구를 위하여 조조를 죽인 것인가?

文學曰 문학이 말했다.

공자께서는 길을 가다 목이 말라도 도둑의 샘이란 이름의 도천盜泉의 물은 마시지 않으셨고, 증자(曾子: 공자의 제자)는 어머니를 이긴다는 뜻을 가진 승모勝母라는 이름의 마을에는 들어가지 않았습니다. 이름이 나빴기 때문인데, 하물며 신하가 되지 않고 자식이 되지 않음에랴.

이 때문에 공자께서는 목욕을 하고 조회하며 애공哀公에게, '진항陳恒이 그의 군주를 시해했으니 토벌하기를 청합니다.'라고 했습니다.

진문자陳文子에게는 열 마리 말이 끄는 10승의 수레가 있었는데, 최저崔杼가 제나라 장공莊公을 시해하자 10승의 수레를 버리고 다른 나라로 떠났습니다.

---

* 한漢나라 문제文帝와 경제景帝 때의 정치가. 문제가 죽고 경제가 등극하자 달변으로 총애를 받아 어사대부가 되고 제후들의 세력을 억제하고자 봉지를 삭감하려다 오吳, 초楚 등 7국七國의 저항으로 희생되었다.

『예기』의 표기편에 이르기를, '군자가 군주를 섬김에는 가히 귀해질 수도 있고 천해질 수도 있고 형벌을 받기도 하고 죽을 수도 있는 것이므로 가히 어지러워지지 않게 해야 한다.'라고 했습니다.

만약 밖으로만 모양을 꾸미고 안으로 진실이 없으며, 입으로만 글을 외우고 행동이 도道와 같지 않다면 이는 도둑입니다. 진실로 도둑은 군자와 함께 성 안에 있을 수 없습니다.

『춘추』에서 희공 5년에 정나라의 백작이 도망하여 동맹을 맺지 않은 것을 두고 공양학파의 한 사람이 말하기를, '적은 것으로 많은 것을 범하지 않으려 한 것'이라고 했씁니다.

환공桓公 6년에 채蔡나라 사람이 진타陳佗를 죽였는데, 진군陳君을 죽였다고 하지 않고 진타라고 한 것은, 배신으로 국가와의 인연을 단절시켰기 때문이었습니다.

죄를 원망하고 미워하지만 사람에게까지 겸하지 않은 것입니다. 그러므로 순舜임금이 법으로 곤鯀을 처형했으나 그의 아들 우禹를 등용해서 나중에 왕위를 물려주었습니다.

춘추시대 노魯나라의 보옥寶玉에 흠이 있다고 해서 그것을 쓸모없이 여겨 버린다면, 천하에는 아름다운 보배나 진실한 선비는 없게 되는 것입니다.

꾀보따리 조조가 제후들의 토지가 거대한 것을 말한 것은, 부유해지면 교만하고 사치하며, 급하면 곧 합종하여 반란을 일으킬 빌미가 될 수 있기에 제후들을 제압한 것입니다. 그런 이유로 오나라의 과실에 따라서 회계의 땅을 삭감했고, 초나라의 죄에 따라서 동해를 빼앗았습니다. 조조가 그런 이유는 가볍고 무거운 것을 균등하게 하고 그 권세를 나누어 만세의 헤아림으로 삼고자 한 것입니다.

춘추시대 정나라의 장사꾼인 현고弦高가 충성심으로 진秦나라 군대를 속여 나라를 구했고, 조조晁錯가 한漢나라에 충성함으로써 제후들의 원수가 되었습니다.

한 사람의 신하로서 군주를 위해 죽어 나라에 쓰임이 된다면 죽은 후에 평판은 무슨 상관이 있겠습니까? 이것은 춘추시대 진晉나라의 장사壯士인 해양解揚이 진나라에는 두텁게 의리를 다했지만 초楚나라에는 박하게 한 까닭인 것입니다.

9

자기 이익만을 추구하는 권력의
폐해를 비판하다

大夫曰 대부가 말했다.

지금 월나라의 구구具區, 초나라의 운몽雲夢, 송나라의 거야鉅
野, 제나라의 맹제孟諸 등의 큰 늪지대들은 국가를 부유하게 할 수도
있지만 그곳에서 나는 자원은 누구나 패왕이 되게 할 자본으로 쓰일
수 있다.

군주가 통제하여 지키면 강성하게 되고 금지하지 않게 되면 힘을
기른 제후들에게 망할 것이다.

제나라는 장腸과 위胃를 남에게 주어 가신家臣들은 강해지고 재제
되지 않아 가지는 커지고 줄기는 꺾여 가신들은 거대한 부를 멋대로
하며 물고기와 소금의 이익들을 독점했다. 가신 세력은 족히 백성
을 부리고 모은 재물로 아래 백성들을 구휼하여 민심을 얻어 자기들
의 힘으로 만들었다. 이 때문에 제나라 사람들은 안에서는 배신하고

밖으로는 강한 자에게 붙게 되었다. 권세는 신하에게 옮겨가 정사는 가신들에게 떨어졌으며 임금의 공실公室은 허약해졌다. 곡식을 실어 나르던 수천 대의 수레가 바닷가에 그저 서서 낡아 가고, 근본인 농사를 잃고 말단인 상업도 구제하지 못했다.

지금 산천이나 바다나 늪지대의 잘못 이용되는 근원이 유독 초나라 운몽이나 제나라 맹제에만 있는 것이 아니다.

쇠를 불리고 소금을 달이는 그 세력들은 인적이 없는 깊은 계곡 속에 사는데, 간사하고 교활한 자들이 산과 바다를 내왕하며 크게 간사한 짓거리를 만들까 걱정하고 방비해야 한다.

사사로이 이로운 것을 이용하여 교만이 넘치고, 질박한 것을 해치고, 거짓을 부풀리면 근본인 농업을 귀하게 여길 자는 적을 것이다.

대사농大司農 소속의 염철승鹽鐵丞인 함양咸陽과 공근孔僅 등은 청하여 말하기를, '백성들을 모집하여 스스로 비용을 대도록 하고, 천자의 기물을 사용하여 소금을 달이고 사용하게 해 거짓이 떠도는 길을 막아 주시기를 바랍니다.'라고 했다. 이러한 것은 함양과 공근 등이 나라의 명령에 따라 불법행위를 금지하려는 의도는 적고, 관리로서 백성을 헤아림 또한 근본과 먼 것이다.

文學曰 문학이 말했다.

관리들은 앞날을 생각하여 권세 있는 집안들의 이익을 가까이 하는 것입니다. 금지하는 명령의 뜻이 엄격하지 않고 자질구레해서 관리들은 권세가와 보이거나 보이지 않게 야합하여 부정부패가 나타나는 것입니다. 관리와 권세가들의 이해가 맞아 떨어지면서 가장 이익이 큰 염철[소금·철]과 술과 균수均輸의 세 가지에서 부정부패가 일어날 수밖에 없습니다.

권세가들의 집에는 사람들의 발걸음이 구름이 떠다니는 듯하고 그들 집앞 길에는 수레들이 몰려서 나라의 공법公法을 어지럽히고, 사사로운 이익을 위해 산과 호수를 넘나들고 관청과 시장을 멋대로 하니, 특별히 거대한 바다의 물고기나 소금만이 아닌 모든 물품에서 이득과 힘을 만드는 것입니다.

국가의 권세를 가지고 사사로이 행동하는 것이 특히 반란을 일으킨 전상(田常: 제나라 실권자 진항의 다른 이름)의 세력이나 제후들, 신하들만이 아닙니다. 권세 있는 집안, 그들이 위세 떠는 건 육경六卿보다 더하고, 부유한 것은 도주공陶朱公이나 위衛나라의 자공(子貢: 공자의 제자)보다 더하고, 수레나 의복은 왕공들의 수준을 넘고 궁궐을 본떠 집을 지을 정도로 지나쳤습니다.

죽 늘어선 대저택을 지어 마을을 막아 끊고, 연못을 만들어 물위로 교차되는 다리로 길을 만들고 정원을 만들어 족히 황제 부럽지 않은 생활을 합니다.

연못을 파고 굽이진 물길을 내서 그 옆길로 말까지 달립니다.

연못에서 낚싯대를 드리우고 개를 풀어 토끼를 쫓게 하고, 큰 솥을 들 수 있는 힘이 센 무사를 승냥이와 싸우게 합니다. 공차기를 하고 닭싸움을 시킵니다.

중산中山의 미녀들은 부드러운 가곡을 연주하고, 북을 치며 파인巴人과 유인俞人들이 당하堂下에서 춤을 춥니다. 부녀자들은 비단옷을 입고, 비첩들은 갈포 옷을 입고, 자손들은 수레를 타거나 말을 타고 사냥을 하러 드나들고, 나는 새를 잡으며 건강을 과시합니다.

이 때문에 농사를 짓는 자들은 쟁기를 놓고 노력하지 않으며, 백성들은 얼음이 녹아 내리 듯 나태해집니다.

무엇 때문이겠습니까?

자신들이 노력하여 만들면 저들에게 빼앗기니 그들의 사치스러운 것만 부러워하고 서로 본받으며 위로 올라 그들처럼 살려는 노력이 멈추지 않는 것입니다. 이것이 백성들에게 거짓된 것들을 부풀리고 근본인 농업으로 돌아가기를 등한시하게 하는 원인인 것입니다.

大夫曰 대부가 말했다.

관직이 높은 자는 녹봉이 두텁고, 근본이 아름다운 것은 성장이 활발하여 가지가 무성하다. 그러므로 주周 문왕文王은 덕이 있어 자손들이 제후로 봉해지고, 주공周公이 보좌해서 백금伯禽이 부유해졌다.

개울물이 넓고 넓으면 물고기가 크고, 아버지가 존귀하면 아들도 귀해진다.

『춘추공양전』에 이르기를, '하수河水와 해수海水는 1천 리를 윤택하게 한다.'라고 했다.

성대한 덕이 천하에 미치는데 하물며 처와 자식은 어떻겠는가?

그러므로 지아비가 조정에서 귀해지면 아내는 방안에서 귀해져, 부유함으로 잠깐 아름답다고 하는 것이다.

『맹자』에 이르기를, '임금은 일반 사람과 같지만, 저와 같이 기품이 있는 것은 그 처해 있는 지위가 그렇게 만든 것이다.'라고 했다.

백성들이 형편껏 사는 반열에 있으면서 경卿이나 재상의 자식처럼 살기를 바라는 것, 이것은 절룩거리는 지아비가 발걸음이 빠른 말처럼 뛰고자 하는 것이고, 돈이 없는 자가 천금千金의 보화를 탐내는 것이니 또한 허망한 것이 아니겠는가?

文學曰 문학이 말했다.
우禹와 직稷*은 일반 백성 시절부터 천하가 공평하지 않아 얻지 못한 것들이 있는 것은, 자신들이 밀쳐서 백성들을 구렁텅이 속으로 떨어뜨린 것 같이 생각했습니다. 그러므로 일어나 요임금을 도와 하천과 육지를 공평하게 다스리고, 백성들에게 농사짓는 법을 가르쳤습니다.

그들이 스스로 천하를 감당한 것은 이와 같은 점을 중요하게 여겼기 때문이니, 어찌 녹봉만을 받고 아내와 자식만을 봉양할 생각이었겠습니까?

대저 1만 명의 노력을 먹는 자, 즉 통치자와 관리들은 그의 근심을 뒤로 하고 1만 명의 수고로움을 맡아야 하는 것입니다. 한 사람이 직업을 잃고 굶주리고 한 관리가 직분을 다해 다스리지 못하면 모두 높은 관료들의 허물입니다. 그러므로 군자가 벼슬을 하면 의를 행하고 권세를 좋아하지 않는 것입니다.

녹봉은 어진 인재를 윤택하게 하는 것이지 이익을 사사로이 누리

---

* 우禹는 하夏나라의 임금. 직稷은 후직后稷으로 순임금 때 농사를 맡은 사람이며, 주나라의 시소이기도 하다.

78

는 것이 아닙니다. 어진 이들은 백성이 내어 준 녹봉이라고 멋대로 하지 않습니다.

이것이 공숙문자公叔文子가 문文의 시호를 받은 까닭**이고, 위성자(魏成子: 위나라의 승상)가 어진 이가 된 이유입니다.

그러므로 주나라의 문왕이 덕을 이룬 뒤에 자손들을 제후로 봉했으나 천하에서는 가족의 당黨으로 여기지 않았고, 주공이 공로를 이룬 후에 아들 백금이 봉함을 받았는데 천하에서는 당연하다고 생각했지 탐한다고 여기지 않았습니다.

지금은 그렇지가 않습니다.

친척들이 서로를 추천하고 붕당에서 서로를 천거하고, 아버지의 지위가 높아지면 아들은 안에서 교만하여 지나치게 횡포를 부리고, 지아비가 조정에서 귀해지면 아내는 밖에서 청탁을 받습니다.

주공만큼의 덕이 없는데도 주공만큼 부유함이 있고, 관중만큼의 공로가 없는데도 그만큼 사치가 있습니다. 그러므로 일반 백성 속에 사는 절름발이 지아비도 빨리 걷기를 바라는 것입니다.

** 『논어』 헌문憲問편에 있는 말로, 공숙문자가 그의 가신 손撰과 함께 조정에 서자 공자께서 들으시고 '가히 써 문이라고 할 것이다.'라고 했다.

10
어진 인재가 등용되어야 나라가 산다

大夫曰 대부는 얼굴색이 근엄해지고 불편한 마음으로 말했다.

일하지 않고 사는 자는 짐을 진 자들의 노고를 알지 못하고, 옆의 의견을 따르는 자는 당사자와 근심이 다른 것이다.

작금의 천하는 뱃속에 있는 병균이 자라듯 제후들이 천자를 공경치 않고, 그 틈을 타 중원 밖 오랑캐 또한 시시때때로 반역의 머리를 드니 나라가 큰 개울을 건너는 듯, 큰 바람을 만난 듯 안정되지 못하다.

이 때문에 나는 밤낮으로 국가의 비용을 생각하고 잠자리에 누워도 잠을 잊고, 배가 고파도 먹는 것을 잊고, 숫자를 계산하는 것이 눈앞을 떠나지 않아 늘 나라의 모든 일을 마음속으로 짚으면서 지내고 있다.

승丞과 사史*들은 그릇이 작아서 함께 계획하지 못하고, 홀로 천하가 가야 할 대도大道를 가늠해도 앞뒤가 꽉 막히니, 현량과 문학 그대들의 생각을 듣고자 한 것이다.

어사御史가 나라의 일을 초안하여 청렴을 살피고 어진 인재를 등용하여 세월이 부족하지 않았다.

지금 관직이 현량과 문학에 이른 자들이 60여 명이다. 그대들은 육예六藝의 술술術을 품고 뜻을 펴고 논의를 지극히 해 마땅히 광채를 열고 무식한 것을 깨우치지만 지나간 옛것을 너무나 믿어 지금을 괴이하게 여기고, 옛 것을 말하지만 지금 세상의 일에 합당하지 않다. 그러니 뜻하건대 족히 지사知士라고 하지 못할 것이다.

이러하다면 장차 많은 무리들이 문사文事를 꾸미고 능력을 속여서 진실을 어지럽힐 것이다.

왜 어진 선비가 세상을 살피는 일이 그리 어려운가!

천승군千乘郡의 예관倪寬은 『상서』를 익혀 나랏일을 잘 보아 지위가 구경九卿 중에 으뜸까지 올랐다. 그리고 여러 사람 중에서 선비를 살펴 추천하고 승진시켜 법을 받드는 바도 매우 뛰어나게 했다.

그러나 지금의 현량과 문학들은 동료들에게 뛰어남을 보이지는 못하고, 천자의 성대함과 쇠퇴함을 대한 근본 정책이 아니라 임시변통의 공로를 세우려 할 뿐이다.

---

* 승丞, 사史: 한漢나라 때 장관 아래에 있는 관리의 명칭.

문학이 말했다.

공수자(公輸子: 공수반, 노나라의 뛰어난 목공)가 재목을 다듬는 것은 그의 그림쇠와 곱자를 바르게 사용해서 나무를 서로 끼우는 장부에 맞게 구멍의 깊고 낮음을 조절하는 것입니다.

사광(師曠: 진晉나라의 악성樂聖)이 오음五音을 조화시키는 일은 그 율六律을 바르게 사용해서 궁宮과 상商의 음을 잘 조절하는 것입니다.

옛적의 공인들은 그들이 장부를 뚫는 것을 조절하지 않게 되면 그림쇠와 곱자를 고쳐야 했고, 성음聲音을 조화시키지 못하면 옛 율律을 변경시켜야 했습니다.

이 때문에 장부에 뚫는 구멍을 잘못 깎게 되면 맞지 않게 되고, 성음이 넘쳐나면 조화되지 않는 것입니다.

대개 그림쇠나 곱자를 들어서 마땅한 것을 알고, 율律에 따라서 변화를 아는 것은 최상인 것입니다.

구습에 따르면서 새로운 것을 만들지 않고 그 사람을 기다리는 것은 차선인 것입니다.

이 때문에 조참曹參이 승상이 되어서는 날마다 전국술만 마셨고, 예관 대부는 입을 다물고 말을 하지 않았습니다.

그러므로 큰 것을 다스리는 자는 번거롭게 하지 않습니다. 번거롭게 하면 어지러워지는 것입니다. 작은 것을 다스리는 자는 게으르게 하지 않습니다. 게으르게 하면 무너지는 것입니다.

『신어』에 이르기를, '그의 정사가 크고 뛰어났다. 크고 뛰어나면 가히 경상卿相이 된다. 그의 정사는 맑고 깨끗하다. 그러나 맑고 깨끗한 것은 가히 필부가 된다.'라고 했습니다.

나라의 법도가 펴지지 않고 예의가 행해지지 않는 것은 공경公卿의 걱정거리입니다. 책상 위의 글이나 1년 회계 일은 승丞과 사史의 임무입니다.

『상서』에 이르기를, '천 사람 백 사람 가운데 뛰어난 사람이 벼슬에 오르게 될 것이며, 모든 벼슬아치가 서로 배우면서 일하게 될 것이며, 모든 공인이 때와 철을 따라 일을 할 것이며, 여러 장관들이 진실로 화합했습니다.'라고 했습니다.

관청에서는 업무에 알맞는 사람을 얻었고 사람들은 그의 일을 맡았음을 말한 것입니다.

그러므로 관청은 법령으로 다스려져 어지러워지지 않았고, 사업을 일으켜 무너뜨리지 않습니다. 선비들은 도리道理로 직분을 지키고, 대부는 그의 자리에서 할 바에 따라 다스렸으며, 공경들은 요체를 거느리고 대체적으로 큰일을 집행합니다.

그러므로 능력 있는 자를 쓰는 것은 성인이 백성과 함께 가는 길입니다.

제나라의 환공桓公은 관중管仲을 귀와 눈으로 삼았습니다. 그러므로 군자는 어진 이를 구하는 데 수고하고 사용하는 데 편안하게 하면, 어찌 위태하다고 이르겠습니까?

옛날 주공周公은 재상이 되어서 겸손하게 자신을 낮추는 자세를 아끼지 않았고, 천하의 선비들을 수고롭게 했습니다. 이 때문에 뛰어난 인재들이 조정에 가득하고 어질고 지혜 있는 이들이 문안에 가득 찼습니다.

공자께서는 작위가 없었으며 일반 백성의 신분인 재사才士 70여

명이 따랐는데, 모두 제후들의 경卿이나 재상들이 될 만한 인재들이었습니다. 하물며 삼공三公의 높은 지위에 처해 천하의 선비를 양성함에 있어서 무엇이 문제이겠습니까?

지금 도덕의 아름다움으로 선비를 조정에 이르게 하지 못한다면, 어진 이를 진출시키는 의도는 없는 것입니다.

요임금이 순을 등용하고 두 딸을 아내로 주는 신의를 보였습니다. 제나라의 환공은 관중을 빈賓과 스승으로 섬기며 등용하였습니다.

요임금이 천자로서 필부에게 딸을 준 것은 가히 어진 이를 가까이한 것이라고 이를 것입니다. 제나라 환공이 필부를 스승으로 섬긴 것은 가히 손님을 공경한 것이라고 이를 것입니다. 이처럼 어진 이를 따르는 것은, 신의가 물이 흐르듯이 하여 의심하지 않은 것입니다.

연燕나라의 소왕昭王은 늘 선비에게 윗자리를 양보했습니다.* 그러나 작금의 공경 대신들은 지혜로운 선비를 뒤에 가려놓고서 능력을 투기하고, 스스로 지혜로운 척하고 남의 재주를 헐뜯고 있습니다.

인재를 등용할 위치에 있는 관료들이 지위로써 어진 이를 높이고 녹봉으로써 선비를 말 태운다고 해도 인재를 찾고 구하여 쓰기가 어려울 것입니다.

문학의 답변이 끝났는데도 대부는 심각한 표정으로 말이 없자 대부분의 현량들은 긴 한숨을 쉬었다.

* 소왕은 몰락한 국가를 부흥시키고자 전국의 선비를 초청하여 공손히 대했다.

御史曰 대부가 침묵하자 어사御史가 나아가 말했다.

태공(太公: 강태공)이 주나라의 문왕과 무왕을 도와 천하의 왕이 되게 했고, 제나라의 관중이 환공을 도와 제후의 패자霸者가 되게 했습니다. 그러므로 어진 이가 지위를 얻는 것은 용이 물을 얻고 나는 뱀이 안개 속에서 노니는 것과 같은 것입니다.

공손公孫 승상은 선제先帝인 무제에게 『춘추』를 설명하여 일시에 삼공三公에 등용되어 옛날 주공이나 소공처럼 재상의 역할을 하면서도 천하의 모범이 되었습니다. 의복은 간소하게 하고 음식은 맛을 탐하지 않았고, 천하의 모든 일에 앞장서서 다스림에는 부족함이 없었습니다.

당시 박사(博士: 한나라 때의 관직)인 저태褚泰와 서언徐偃 등도 밝은 조서를 받들어 절부를 세우고 역마를 달려서 군국郡國을 순회하며 민정을 살펴 효도하는 자와 청렴한 자를 천거하고 일반 백성에게 권장해도 전해오는 그릇된 풍속이 크게 고쳐지지 않았습니다.

이제 현량과 방정과 문학의 선비들을 초청하여 등용하고 관직을 뛰어 올려 혹은 경대부에 이르렀으니, 연나라 소왕이 선비를 추천하거나 주나라 문왕이 어진 이를 폭넓게 등용한 것과 같은 맥락이 아니겠습니까? 그러나 그런 치세에서도 공로가 성취된 바를 보지 못했습니다.

文學曰 문학이 말했다.

얼음과 달구어진 숯을 같은 그릇에 함께 담지 못하고, 해와 달은 함께 밝지 못합니다.

공손홍公孫弘의 시대에 이르러서야 군주는 계책을 세워 사방의 오랑캐들에게 치세의 뜻을 펼쳤습니다.

그런 연유로 권모술수의 계책이 조정에 올라오고, 형荊이나 초楚나라의 뛰어난 장수들이 식읍食邑과 관직을 받고 등용되어, 전장에 나가 승리하였고 성과에 따라 모두가 두터운 상을 받았습니다. 이 때문에 분발하여 적을 냅다 치는 용사들이 모여들어 일어났습니다.

그러나 그런 뒤에도 전쟁이 중지되지 않았습니다. 오랑캐와 우리 군대가 서로 대치하여 오랜 세월이 흘러 갑옷을 입은 군사들이 집을 그리워하고 피곤에 썩어 문드러져 의기가 소침해져, 국방에 도움이 되지 않습니다.

그러자 험한 곳에 성벽과 요새를 설치하여 방비하면 나라에 이익이 된다고 신하들이 일어났습니다. 그들은 반계(磻溪: 섬서성의 동쪽에 있는 강)에서 낚시질하던 곰도 아니고 들판을 뛰어다니는 망아지도 아닌 숨은 선비였습니다.

성벽과 요새에 쓰이는 물품을 운반하는 건 참으로 힘든 일입니다. 육로를 따라 가다 경수涇水와 위수渭水강에 이르면 배로 운반하여 변방까지 통해야 했습니다. 그 틈으로 폐단이 드러났습니다.

수로를 통해 운반이 용이해진 곽 땅의 함양咸陽이나 공근孔僅은 소금과 철을 만들어 팔아 큰 이익을 꾀했습니다. 권력자들은 작위를 팔고 부자들은 관직을 사서 형벌을 면하고 죄를 면제 받아 공적인 것으로 사용했습니다.

큰 이득을 원하는 자들은 사특한 방법으로 위로는 나라와 아래로는 백성들을 속이고 윽박질러 이익을 구하는데 백성들이 감당하지 못할 지경이었습니다.

그런 사실을 보고 들어 알게 된 비통한 선비들이 조정에 진출하자, 눈으로 보고 마음으로 안 사실로 무너진 법들을 일어나게 했습니다.

두주杜周와 함선咸宣의 무리들은 엄중히 법으로 판단하여 다스려졌습니다. 왕온서王溫舒의 무리는 새매와 같은 방법으로 죄인을 찾아 격살하여 이름을 드러냈습니다.

하지만 깊이 들여다보면, 그들은 인의에 의지하고 도로써 군주를 섬기는 자는 적었고, 구차하게 세력을 합하여 안주하며 이익을 취한 신하들이 많았습니다. 공손홍 한 사람이 어찌 홀로 했겠습니까?

물에 빠진 자를 구하려면 물에
뛰어들어야 한다

어사가 말했다.

문학으로 진출한 이들은 공자의 도를 본받아 서술하여 밝히고 그의 덕을 칭송하여, 예부터 지금에 이르기까지 공자 같은 뛰어난 사람이 있지 않았다고 생각하고 있습니다.

그런데 공자가 노나라와 위나라 사이의 길을 닦고 수수洙水와 사수泗水에서 교화시켰으나 제자들은 변화되지 않았습니다.

당시의 세상은 다스려지지 않았으며 노나라의 국토는 삭감당하는 일이 더욱 심해졌습니다.

제나라 선왕宣王이 선비와 유자儒者들을 포상하고 학문을 존중했지만, 맹가孟軻와 순우곤(淳于髡: 당시의 변설가)의 무리들은 상대부上大夫의 녹봉을 받으면서도 직분을 어기고 국가의 일을 하지 않았습니다.

선비를 귀히 여겨 제나라의 작은 직하稷下 땅에 선생들이 대략 1천여 명이나 되었습니다. 그런데 약소국인 연나라가 약해진 제나라를 공격하여 멀리 몰아 쫓아서 임치臨淄까지 이르렀고, 민왕湣王이 도망쳐서 거莒 땅에서 죽을 때 그 많은 선비들 중에 누구도 능히 구하지 못했습니다.

제나라의 임금 건建이 진秦나라에 사로잡힐 때 유생들도 함께 포로가 되었고 국가를 보존시키지도 못했습니다.

이처럼 선비들은 국가를 편안하게 하고 군주를 높이는 데 처음부터 본받을 것이 없습니다.

 문학이 말했다.

채찍이 없으면 비록 유능한 말몰이꾼도 말을 부리는 데 능하지 못합니다. 권세와 지위가 없으면 순임금이나 우임금도 모든 백성을 다스리는 데 능하지 못합니다.

공자께서 이르시기를, '봉황은 이르지 아니하고 하수河水에서 도圖판이 나오지 않았으니 나는 그만둘지어다.'라고 때에 관해 말씀하셨습니다. 그러므로 때가 이르지 않으면 작은 수레나 좋은 말도 달리는 일이 없고, 때가 이르지 않으면 성인이 덕이나 인의는 베풀 곳이 없는 것입니다.

제나라의 위왕威王이나 선왕宣王 때에는 어진 이를 드러나게 하고 선비를 진출시켜서 국가를 부강하게 했고 적국에도 위세를 떨쳤습니다.

민왕湣王에 이르러 위왕과 선왕이 남긴 공덕을 이어받아 남쪽으로 초楚와 회수淮水를 빼앗고, 북쪽으로 거대한 송宋나라를 병탄하고, 사수泗水 위의 열두 제후들을 포용하고, 서쪽으로 삼진三晉을 꺾고 강력한 진秦나라를 물리쳐, 다섯 나라들이 제나라를 따르게 했습니다.

추鄒와 노魯나라의 군주 등 사수 위의 제후들이 모두 신하로 들어왔습니다.

이에 민왕은 승리의 공로만을 자랑하고 전쟁을 멈추지 않아서 백성들이 견딜 수가 없었습니다.

모든 선비들이 간했으나 따르지 않자 선비들은 각자 흩어졌습니다. 이름 높은 선비들 중 신도愼到와 첩자捷子는 도망하여 떠났고, 전병田駢은 설薛 땅으로 갔고, 손경(孫卿: 순자)은 초나라로 갔습니다.

안으로 어진 신하가 없었으므로 제후들이 계책을 합하여 제나라를 정벌했습니다.

왕인 전건田建이 유언비어를 듣고 간신들의 이간책을 믿어 제후들과 신의를 함께 하지 않아서 국가가 멸망한 것입니다. 그러니 진나라의 포로가 된 것이 또한 마땅하지 않겠습니까?

御史曰 어사가 말했다.

은나라의 이윤은 고기를 삶는 요리사로서 탕왕을 섬겼고, 백리해는 소를 키우는 신분으로 진秦나라의 목공穆公을 기다렸다가 신임을 받고 뜻을 함께 하여 탕왕은 왕이 되었고, 목공은 패자가 되었습니다.

이와 같다면 무슨 말을 따르지 않겠으며 무슨 도인들 행하지 못하겠습니까?

그러므로 상군이 평범한 왕도王道로써 진나라 효공孝公에게 설명했을 때는 등용되지 못했고, 곧 강력한 국가를 만드는 도리로써 나아가 마침내 공로를 이루었습니다. 제나라의 추자鄒子는 유도儒道로써 유세遊說하며 세상의 군주들에게 간구했으나 등용되지 못하자, 뜻을 바꾸어 시작과 마침의 논(始終之論: 五德終始)을 변화시켜서 마침내 이름을 나타내었습니다.

그러므로 말(馬)의 쓰임이 반드시 호胡나 대代 땅의 하루에 천리를 가는 말일 필요는 없습니다. 선비가 공로를 이루어 귀해지는 데는 반드시 문자로만 이루어지는 것은 아닙니다.

맹자는 옛날의 도道만으로 세상이 다스려지지 않는다는 사실을 알지 못했습니다. 그러므로 양梁나라와 송宋나라에서 곤궁을 당했습니다.

공자는 모난 것을 만드는 데는 능했지만 둥근 것을 만드는 데는 능하지 못했습니다. 그러므로 여구黎丘에서 굶주렸습니다.

지금 당대의 선비인 유생들은 덕을 닦는 데 부지런히 힘쓰며, 시대의 궁핍함이 있으면 말로만 그르다고 여길 뿐 해결하려고 행동하지는 않습니다.

주周나라의 왕실이 있은 이래로부터 1천여 년인데 유독 문왕과 무왕과 성왕成王과 강왕康王이 있을 뿐입니다.

말할 때에 늘 옛적 성왕들을 참고하여 말하는데, 능히 미치지 못하는 것을 취하여 일컫는 것으로 마치 앉은뱅이가 먼 곳을 말하는 것은 능하나 가는 데는 능하지 못한 것과 같습니다.

성인은 길을 달리하지만 돌아가는 곳은 같아서, 혹은 행하기도 하고 혹은 중지하기도 하는데 백성들을 위한 다스림은 한결같습니다.

상군이 비록 법을 바꾸고 가르침을 고쳤으나, 뜻하는 바는 국가를 강성하게 하고 백성을 이롭게 하는 데 있었습니다.

추자가 일어나 변화의 술수를 쓴 것도 인의로 돌아가고자 하는 것이었습니다.

정鄭나라의 제중祭仲이 스스로를 낮추어 권도權道를 사용한 것들은 때에 맞춘 것입니다.*

그러므로 군자는 작게 굽혀서 크고 곧게 하는 것입니다.

지금 속 좁은 소인처럼 하나의 도道를 고수하는 것은 여러 방편의 뜻을 모르는 것입니다. 또 진晉나라의 문공文公이 제후들을 속여서 주나라의 왕실을 높이게 한 것은 족히 말하지 못할 것이며, 제나라의 관중이 치욕을 무릅쓰고 살아남아 이룬 공적들은 일컬을 것이 못되는 것입니다.

 문학이 말했다.
이윤이 탕왕에게 등용되기를 구한 것은 성군聖君임을 알았기 때문입니다.

백리해가 진秦나라로 돌아간 것은 현명한 군주라는 것을 알았기

---

* 제중이 송나라 사람에게 체포되어 협박을 받았는데 '태자 홀忽을 축출하고 공자 돌突을 세워 달라.'고 했다. 제중이 이들의 말을 듣지 않으면 태자 홀이 죽게 되므로 그들의 말을 따라 '돌'로 바꾸었다가 한참 후에 '홀'을 복직시킨 일.

때문입니다.

두 사람이 탕왕이나 진나라 목공이 패업霸業의 군주가 된다는 것을 안 것은 바른 가치관이 평소 몸에 나타나게 했고 남몰래 어두컴컴한 곳에서 일을 결정하지 않았기 때문입니다.

공자께서 이르시기를, '명분이 바르게 서지 않으면 말[言語]이 순하지 않고, 말이 순하지 않으면 일이 이루어지지 않는다.'라고 하셨습니다.

그 점을 모른다면 어찌하여 구차하게 합해 패업이나 왕업을 이룰 수 있겠습니까?

군자는 덕을 가지고 의를 지키는 것입니다. 그러므로 잠깐의 구차한 사이에도 덕과 의에 반드시 합하게 하고, 창졸지간에 넘어지는 사이에도 반드시 덕과 의에 합당해야 하는 것입니다.

『맹자』에 이르기를, '지금의 조정에 살면서 그 풍속을 바꾸지 않고 1천승乘의 세력을 이루어 한 조정에 기대어 사는 것은 능하지 못하다.'라고 했습니다.

차라리 궁색하게 굶주리면서 누추한 마을에서 사는 편을 택하지 어찌 자신의 뜻을 포기하고 풍속의 변화에 따르겠습니까?

합려闔閭가 오나라의 요僚를 죽이자 공자公子인 찰札은 연릉延陵으로 가 평생 동안 오나라에 돌아오지 않았습니다.

노공魯公이 자적子赤을 죽이자 숙힐叔肸이 물러나 숨어서 그의 녹봉을 먹지 않았습니다.

선비는 의義를 이지러뜨리고 머리 숙여 높은 지위를 얻거나, 도道를 굽혀 구차하게 합하는 것은 죽음에 이르러도 하지 않아야 합니다.

바른 도를 듣고 행하지 않게 되면 일을 놓고 물러나는 것이요, 도를 굽혀서 도를 구했다는 말은 듣지 못했습니다.

 어사가 말했다.

『논어』 양화편에 이르기를, '자신 불선不善을 하는 자는 군자가 그 집에 들어가지 않는다.'라고 했습니다.

계손씨季孫氏는 무도하게 그의 군주인 소공昭公을 축출하고, 그의 정사를 빼앗았는데도 공자의 제자 염구冉求와 자로子路는 신하가 되었습니다.

『예기』에, '남자와 여자는 선물을 주고받지 않고 술잔을 주고받지 않는다.'라고 했습니다.

공자가 위나라에 가서는 총애하는 신하 미자하彌子瑕를 따라서 위 영공衛靈公의 부인인 남자南子를 만나자 제자인 자로는 기뻐하지 않았습니다.

미자하는 아첨하는 신하인데 공자가 그를 따른 것은 바르지 않은 것이었습니다. 남자와 여자가 사귀지 않는 것인데 공자가 유부녀인 남자를 만나본 것은 예가 아니었습니다.

예의는 공자에게서 말미암았는데, 어찌 그가 도와 일치되었다고 할 수 있겠습니까?

 문학이 말했다.

천하가 평화롭지 않고 여러 제후국이 편안하지 못한 것은 현명한 군주의 근심거리입니다.

또한 위에는 천자가 없고 아래에는 제후를 통솔할 대제후가 없어 천하가 혼란스러운 것은 인자仁子나 성인들의 근심거리입니다.

이 때문에 요임금이 대홍수를 걱정했고, 은나라의 이윤은 백성들을 걱정했고, 제나라의 관중은 감옥에 구속당했고, 공자께서는 천하를 주유했는데, 그것은 백성들의 재앙을 근심하고 그들의 위태한 것을 편안하게 하고자 했던 것입니다.

그들은 이윤처럼 솥과 도마를 지고 요리사가 되기도 하고, 관중처럼 구금을 당하기도 하고, 공자처럼 허둥지둥 천하를 주유하며 백성들을 구제하려고 했던 것입니다.

그러므로 도망치는 자를 쫓으려면 더 빨리 뛰어야 하고, 물에 빠진 자를 건지려면 물에 과감히 뛰어들어 젖어야 하는 것입니다.

지금 백성들은 구렁텅이 속에 빠져 있는데, 그들을 구하려고 하면서도 옷을 적시지 않고자 한다면 어찌 나아질 수 있겠습니까?

문학의 말을 들은 어사가 침묵하고 대답하지 못했다.

12
백성을 편안하게 하는 길은 무엇인가

 대부가 말했다.

문학이 말하기를, '천하가 평화롭지 못하고 모든 제후국이 편안하지 못한 것은 현명한 군주의 걱정거리이다.'라고 했다. 임금은 마치 한 집안의 가장과 같아서 누구라도 얻지 못하는 것이 있으면 즐겁지 않은 것과 같다.

백성들이 흐르는 물에 빠졌는데도 구하지 않는다면 은혜로운 군주가 아니고, 국가에 어려움이 있는 데도 근심하지 않는다면 충성스런 신하가 아니다. 절개를 지켜 고통에 죽는 것은 신하된 직분이고, 굶주리고 추위에 떠는 자에게 먹을 것과 옷을 주는 것은 자애로운 아버지의 당연한 도리이다.

지금은 젊은이들이 멀리 변방 밖에서 수고하고, 군주는 밤낮으로 편안하지 못하니 모든 신하들이 힘을 다해 의논을 마치고 계책을 세워 국가에 활용해야 한다.

그러므로 소부(小府: 창고를 관리하는 부서)의 승령丞令들이 술을 팔고 사는 전매권으로 변방의 국방 예산을 넉넉하게 해 싸우는 병사들에게 공급하고 백성들을 어려움에서 도와주려고 하는 것이다.

　　변방을 지키는 젊은 군사들의 아버지나 형이 된 자들이 어찌 소금과 철과 술의 전매를 중지하는 걸 원할 것인가!

　　나라 안에서는 국경 병사들의 의식衣食을 살펴 보살피려 해도 오히려 부족한데 지금 모든 비용이 나오는 전매법과 균수법을 없애서 변방에 보내는 비용을 줄이고자 하니, 이는 가히 백성에게 인자한 아버지와 현명한 형이 되지 못할 것이다.

文學曰 문학이 말했다.

　　주나라 말에는 천자의 지위가 미약해지자 제후들끼리 전쟁을 벌여 서로를 토벌했습니다. 그러므로 국가의 군주가 불안하고, 계획을 세우는 신하들이 분주했습니다. 무엇 때문이었습니까?

　　그 당시 적국들이 많아서 사직社稷이 위태했기 때문입니다.

　　지금 천하의 구주(九州: 중국 전체)는 하나로 통일되어, 폐하께서는 한가로운 조정에서 모든 신하들의 지극한 의논을 살피시고, 안으로는 순일한 덕을 찬연히 빛나게 하시어 자손에게 이어 주고자 하시고 계십니다.

　　대저 오랑캐인 만蠻이나 맥貊의 미개인들이 사는 개간하지 못할 땅에 욕심을 두어 어찌 번거로운 전쟁을 계속하여 폐하와 백성들이 근심해야 합니까?

　　만약 폐하께서 변방을 버리시지 않고 덕과 은혜로써 베푼다면, 북쪽의 오랑캐는 반드시 중국으로 향하는 관문을 두드리고 스스로 머리를 조아릴 것입니다.

그러한 연후에 오랑캐인 호胡의 제도를 인정하고 변방의 신하로 삼는다면, 오랑캐들은 그들이 이제까지 해온 약탈 방식을 고집하지 않을 것입니다.

大夫曰 대부가 말했다.

성군이신 폐하께서는 나라가 안녕하지 못하고 북쪽의 변방이 편안치 못한 것을 생각하시어 사람을 보내 백성의 고통스러운 것들을 위문케 하셨다.

그러나 가난한 변방의 백성들을 구휼하는 데 물품이 넉넉하지 못해 덕을 펴기에는 부족했다. 여러 신하들이 밝은 폐하의 덕을 베풀어 천하를 편안하고 완전하게 다스리려 했지만 얻지 못했다.

이에 여러 선비 유생들에게 이 문제를 묻는 것이다.

여러 유생들과 국가의 대사를 논하고자 많은 회합을 했다. 그러나 선비와 유생들은 궁벽한 마을에서 살아 넓은 천하를 모르는 것이 마치 얼음물이 찬 것을 알지 못하고, 술에 취하여 새로이 깨어난 것과 같아서 족히 더불어 말하지 못하겠다.

文學曰 문학이 말했다.

대저 백성들을 편안하게 하고 국가를 부유하게 하는 도는 근본으로 돌아가는 데 있으며, 근본이 확립되면 도가 자라나는 것입니다.

하늘의 이치를 따르고 땅의 이익을 따르면 곧 수고롭지 않아도 공로는 성취되는 것입니다.

대저 그 근원을 닦지 않고 흐르는 것, 보이는 것만을 일삼는 것은 근본 없이 통솔하는 것으로, 비록 정신을 다 쏟고 사려를 깊이 다해도 다스림에는 보탬이 없을 것입니다.

나라가 근본 없이 편안함만을 따라 가고자 하면 족히 위태로워지고, 백성을 의식衣食만으로 구제하려고 하면 종래는 무너지는 것과 같습니다.

세상이 다스려지고 어지러워지는 단서는 근본이 있고 없는 것에 달려 있을 뿐이요, 마음을 수고롭게 한다고 해도 도에 이르는 것은 아닙니다.

공자께서 말씀하시기를, '의논이 통하지 않는 자에게는 다스림을 말하기가 어렵고, 도가 동일하지 않는 자에게는 서로 더불어 계획을 세울 수가 없다.'라고 하셨습니다.

지금 공경들의 뜻이 한쪽으로만 치우쳐 있으니 우리 문학의 말과 함께하지 못하는 것입니다.

大夫曰 대부가 말했다.

내가 들으니 신하된 자는 충성을 다해 직분을 따르고, 자식된 자는 효도를 하여 가업을 계승한다고 했다. 군주에게 잘못이 있으면 신하가 덮어주고, 아버지에게 잘못이 있으면 자식은 숨겨주고, 위험하다면 도망치게 해야 한다. 그러므로 군주가 죽으면 신하는 군주의 생전의 뜻을 변화시키지 않고, 아버지가 죽으면 자식은 아버지의 도를 고치지 않는 것이다.

지금 그대들은 오랫동안 지켜온 소금과 철과 술의 전매법과 균수법을 없애고자 한다. 이것은 선제先帝의 공적으로 해로움이 없는 것이거늘 성스런 군주의 덕을 해치는 것이 아닌가?

관리들이 충성과 효도의 길에 의지한다면 균수법을 폐지하자고 하지 못할 것이다.

 문학이 말했다.

현명한 자는 때에 따라서 변화하고, 지혜로운 자는 세상을 따라서 움직이는 것입니다.

공자께서 말씀하시기를, '마로 짠 관을 쓰는 것이 예에 맞지만 지금 사람들이 실로 관을 만들어 쓰는 것은 간편하게 하기 위한 것이니 나는 여러 사람이 하는 대로 따르리라.'라고 하셨습니다.

그러므로 성인이나 현인은 옛 것에서 벗어나지 않는 범위에서 풍속을 따라서 마땅하게 받아들이며 한쪽으로 치우치지 않습니다.

진秦나라의 2세 황제 호해胡亥가 아방궁을 크게 채워 선조의 사업을 높이고, 간신 조고(趙高: 환관 출신으로 재상에까지 올랐다)가 진나라의 법을 증강시켜 위엄을 넓힌 것을 가히 충신과 효자라고 이르지는 않는 것입니다.

나라는 백성과 이익을 다투어서는 안 된다

 대부가 말했다.

제후들은 각각의 영토를 집으로 생각하고 다스리니 그들의 걱정거리는 집 안에 있다.

천자는 국토의 사방팔방의 끝을 경계로 삼으니, 나라의 안위를 헤아림은 나라 밖에 있다.

그러므로 집이 작은 제후는 쓰임새도 작고, 천자와 함께 천하를 도모하는 신하는 제후들보다 쓰임새가 크다.

이 때문에 천자는 제후에 땅에 있다 하더라도 동산과 연못을 관리하고 개방하며, 산과 바다를 통틀어 이익을 나게 하여 세금을 늘려 재정을 보조하게 한다.

물이 통하는 도랑을 고치고, 모든 농사 담당관을 세우고, 농산물의 수확을 늘리고, 새와 짐승을 기르는 목장(동산)을 성대하게 한다.

해마다 자연을 전담하는 관리들이 과표課標를 적어서 논밭의 이익이나 양어장을 임대한 임대료를 걷어들이고, 북쪽 변방의 재정 담당 관리를 통해 모든 비용을 산정하는데, 넉넉하게 한다고 해도 언제나 부족하다.

지금 이러한 시점에 소금이나 철이나 술에 대한 전매법과 균수법을 폐지하게 한다면 나라의 근원이 단절되고 흐름이 막혀 위와 아래가 모두 쓰러질 것이다.

 문학이 말했다.

예부터 전답을 분할한 것은 백성들이 작물을 길러서 풍족하게 하기 위한 것이며, 백성들이 풍족하면 백성들은 그들의 위를 받들었습니다.

천자로부터 땅을 받은 공작公爵, 후작侯爵, 백작伯爵, 자작子爵, 남작男爵은 그들이 원하는 것을 충족시켰습니다.

그러나 진秦나라는 나라의 모든 땅을 지배하고 온 세상의 부富를 두고도 마음속으로 부족하게 여겼습니다. 집이 작고 쓰임새가 작은 것이 아닌데도 즐기는 욕심이 많아서, 제후들과 백성들은 진나라가 구하는 것을 감당하지 못했습니다.

속담에 이르기를, '부엌에는 먹지 않아 썩어가는 고기가 있고 나라에는 굶주리는 백성이 있으며, 마구간에는 살찐 말이 있고 길거리에는 굶주린 사람들이 있다.'라고 했습니다.

어찌 굶주린 백성을 두고 썩은 고기와 살찐 말에 허비한단 말입니까?

쓸모없는 관리들은 시급하지 않은 공공사업을 만들어 나라 재정을 낭비하며, 뒤로는 자기 뱃속을 불리고, 그 재물로 음란하고 사치스럽게 살며 조정에 기대어 탐욕을 해결하는 자들이 많습니다. 이 때문에 나라 재정은 늘 부족하고 아래 백성은 늘 궁핍한 것입니다.

지금 이런 근본적인 것들을 감소시키지 않고, 말단적인 것들로 나라 재정을 넉넉하게 하고자 하는 것은 밑 빠진 독에 물을 붓는 것과 다를 것이 없습니다.

나라의 이익과 백성의 이익이 합치하는 실질적인 계획을 만들어야 합니다.

나라가 전답에 축사를 만들어 짐승을 기르는 풀을 가지고, 가축을 기르는 백성들과 다투고, 나라가 장사꾼과 더불어 시장의 이익을 다투는 것은, 명철한 군주가 덕으로 나라를 다스리는 것이 아닙니다.

남자는 밭을 갈고 여자는 길쌈을 하는 것은 천하의 대업입니다.

그러므로 옛날에는 땅을 나누어 거처하게 했고, 전답을 분할하여 일하게 했습니다. 이 때문에 백성들이 농사를 지어 먹고 살만큼 생산을 못하는 땅이 없었고, 국가에는 일을 하지 않는 백성들이 없었습니다.

지금 천자께서는 동산과 공전公田과 연못들을 많이 확장시켜 세도가〔公家〕에게 임대해 주었습니다. 그 정책으로 나라와 백성에게 갈 큰 이익이 권세 있는 집안으로 돌아갔습니다.

삼보三輔*지역은 산과 하수가 너무 가까워 땅은 협소하고 인구는

---

*   한漢나라 때의 행정구역으로, 우부풍右扶風과 좌풍익左馮翊과 경조윤京兆尹

많으며, 곡식과 땔감, 채소가 넉넉하지 못하다고 합니다.

　나라의 공전을 빌려 뽕나무나 느릅나무, 채소나 과일을 길러도 땅이 기름지지 않아 소출이 적다고 합니다. 제 어리석은 생각으로는 여건과 조건을 생각하지 않은 농업정책의 어리석음입니다.

　선제께서 동산과 양어장을 백성들에게 개방하여 백성들이 세금을 물고 이익을 얻게 한 것은 천자의 현명한 조세입니다. 지금은 세도가에게 이익이 돌아가는 정책을 쓰고 있습니다. 잘못은 빨리 바로잡는 것이 타당합니다.

　동산과 연못과 늪지대를 백성들에게 개방하여 이와 같이 한다면, 지아비의 힘은 남쪽의 밭도랑에 다 쏟고 지어미의 힘은 모시를 길쌈하는 데 다 쏟을 것입니다.

　전답이 열리고 길쌈하는 모시의 재료가 풍부해지면 나라와 아래 백성들의 살림이 함께 퍼질 것인데 어떤 궁핍한 일이 있겠습니까?

　문학의 말에 대부가 묵연默然히 승상과 어사를 바라보았다.

　을 말한다.

14

국가 경영에서 중시할 것은 무엇인가

御史曰 어사가 앞으로 나와 말했다.

옛날에 강태공을 제나라 영구營丘 땅에 봉封하자 황폐한 토지를 개간하여 살았습니다. 영구 땅은 척박하고 사람이 적었으므로, 이에 말단인 상업의 도를 통하게 하고 여공女工들이 솜씨를 다 부리게 했습니다. 이에 이웃 나라들이 제나라와 교류하여, 제나라는 재물이 쌓이고 재화가 불어나 강대한 국가가 되었습니다.

관중은 환공의 재상이 되어 선군先君의 사업을 계승하고, 경시할 것들과 중시할 것들을 운용하고 변화시켜 남쪽으로는 강한 초나라를 굴복시키고, 제후의 패자霸者가 되었습니다.

지금 대부군(大夫君: 상홍양)께서 제나라의 태공이나 환공과 관중을 따라 소금과 철을 전매하는 것은, 산과 시내와 늪지대의 이로운 것들을 하나로 통하게 하여 온갖 재물을 늘려 위와 아래가 다 좋게 하고자 하는 것입니다. 이 때문에 천자께서는 나라 재정을 풍족하게 사용하시고, 백성들은 궁핍하지 않아 본업과 말단의 사업들이 함께 이롭고 풍족하게 하려는 것입니다.

이러한 균수법과 전매법은 모두를 위하는 것이지 유독 밭을 갈고 양잠을 하며 농업을 위하는 것만은 아닙니다.

 문학이 말했다.

예의禮義란 국가의 기초이고, 권세와 이익이란 정치의 재앙입니다.

공자께서 말씀하시기를, '능히 예양禮讓으로써 하면 국가를 위하는 것이 더 무엇이 있겠는가?'라고 하셨습니다.

이윤이나 태공은 1백 리의 땅으로 그의 군주를 일어나게 했고, 관중은 환공을 지극히 보필하였으나 왕에 이르지 못한 것은 그가 그른 것에 힘썼기 때문입니다. 그런 이유로 관중의 공로와 명예는 무너지고 구제하지 못하게 된 것입니다.

그때 제후들은 덕德으로써 능한 이가 없이 오로지 공로와 이익만을 다투었습니다. 이렇게 권세를 다툼으로써 끝내 서로가 기울었습니다.

지금 천하는 합해져 한 집안이 되었는데 어찌 이익의 말단만을 행하고자 합니까?

어찌 음란하고 교묘한 것을 베풀려고 하는 것입니까?

대부군께서는 마음속으로 국가의 비용과 제후들을 엮는 데 드는 비용을 계산하고, 소금과 철과 술을 전매하여 이익을 독점하는 것을 가히 중단하지 않을 것입니다.

옛적에 관중이 9부九府를 설치하여 지금처럼 산과 바다, 늪지대에서 이익을 요구한 것은 아니지만 결국 국가는 쇠약해지고 성곽들은 공허해졌습니다.

그러므로 나라는 인의仁義를 높여서 백성들을 교화하고 근본인 농업에 힘써서 나라를 부유하게 해야 합니다.

御史曰 어사가 말했다.

물에 수달이 있게 되면 연못의 물고기는 고달파지고, 국가에 포악한 신하가 있게 되면 백성들을 잘 다스릴 수가 없습니다.

그러므로 무성한 수풀 아래에는 풍성한 풀이 없고, 큰 흙덩어리 사이에는 아름다운 새싹이 자라나지 않는 것입니다.

국가를 다스리는 도道는 더러운 것을 제거하고 힘자랑을 하는 호협豪俠한 자들을 없앤 연후에야 백성들이 고루 평등해져 각각의 집에서 편안할 것입니다.

장정위張廷尉가 율령律令을 논하고 정해 밝은 법으로 천하를 바로잡아서 간사하고 교활한 이를 처단하고 그 무리들을 단절하여, 강한 자가 약한 자를 능멸하지 못하고 많은 수가 적은 수를 포악하게 대하지 못하게 했습니다.

대부군께서는 계책을 운용하여 국가의 재정 경비를 계획하고, 천하의 소금과 철과 술에 따르는 모든 이익을 전매했습니다. 그리고 부유한 상인이 돈으로 관직을 사거나 죄를 속죄 받는 것을 배제하였으며, 여유 있는 것을 줄이고 부족한 것을 보충하여 백성들을 잘 다스리게 했습니다.

이 때문에 군사로써 동쪽과 서쪽을 정벌하고 세금을 더 징수하지 않아도 비용을 충족시켰습니다.

대개 사업의 손해와 이익은 어진 이가 보는 바요, 보통 사람들은 알지 못하는 것입니다.

 문학이 말했다.

신의神醫인 편작扁鵲은 사람의 맥박을 진찰해서 질병이 발생하는 원인을 알아냅니다.

이에 양기陽氣가 왕성하면 덜어서 음기陰氣를 조절할 수 있고, 한기寒氣가 왕성하면 덜어서 양기陽氣를 조절할 수 있었습니다. 이것은 기맥氣脈을 조화시켜 사기邪氣가 머무를 수 없게 하는 것입니다.

의술이 별 볼일 없는 돌팔이 의사들은 맥의 줄기와 혈기血氣의 분리를 알지 못하고 망령되게 침을 놓아 치료에 보탬이 없을 뿐만 아니라 피부를 손상시킬 따름입니다.

지금 여유로운 것을 덜어 부족한 것을 보충하는 것은 부유한 자는 더욱 부유하게 되고 가난한 자는 더욱 가난하게 하는 것입니다.

법을 엄하게 하고 형벌에 맡겨 사납고 포악한 것을 금지시키고 간사한 것들을 중지시키고자 하지만, 포악하고 간사한 것들은 오히려 늘어나고 중지되지 않고 있습니다.

 어사가 말했다.

주周나라 건국은 대략 1천8백 개의 제후국으로 이루어졌습니다.

그 뒤 강성한 나라가 약소국을 병탄하고 대국이 소국을 겸병하여 모두 여섯 나라가 되었습니다.

6국六國은 수백 년 동안 군사를 조련하고 어려운 매듭을 풀어가며 안으로는 적국을 막고 밖으로는 사방의 오랑캐들을 물리쳤습니다.

이러한 것으로 말미암아 살펴보건대, 군사들은 쉬지 못하고 전쟁에 전력을 다하지 않으니, 창고 안이 늘 가득 찼습니다.

지금은 온갖 군郡과 현縣에서 거두어들이는 세금으로 천하가 부유하고 제후국들도 부유하고 천하의 재산은 창고에 있지만 모자람이 있습니다.

이제는 창고 것을 계산하고, 들어오고 나가는 것을 헤아려 급하게 사용하더라도 마땅히 재화가 떨어지는 시기가 없어야 합니다.

지금은 나라 살림을 더 늘릴 계책을 세워 군대가 언제라도 사방으로 출병하더라도 비용이 이어져야 하는데, 수급이 원활하지 않은 것은 하늘의 재물이 적은 것이 아니겠습니까?

침針을 사용하여 음과 양을 조절하듯 나라에 있고 없는 것을 균일하게 하고 부족한 것을 보충하는 것이 틀리다고 한다면 무엇이 옳다는 것입니까?

위로 대부군과 높은 관리들이 계획하고 관장하여, 여타 관리들과 더불어 나라에 정체된 곳을 헤아려 침을 놓고 뜸을 뜨고 온갖 맥을 열어 이롭게 합니다.

이것은 만물을 유통시켜 천자를 부유하게 하는 진실입니다.

현재 사방에 포악하고 어지러운 오랑캐들을 정벌하는데, 수레와 병기의 비용이나 승리한 군사들에게 주는 포상금이 억만금으로 계산됩니다. 이 모두가 소금과 철과 술을 전매한 재화로 하는 일입니다.

 문학이 말했다.

변방은 산이 높고 계곡이 깊어 음과 양이 조화되지 못하고, 추위와 얼음 때문에 땅이 갈라지고, 폭풍에 모래와 돌이 엉겨 쌓이니 땅의 형세가 사람 살기에 적당한 곳이 없었습니다.

그와 반대로 중국은 하늘과 땅의 중앙이며, 음과 양의 사이에 있어 해와 달이 그 남쪽을 지나고 북극성이 사계절 북쪽에 있어, 운행하는 순리로 모든 만물을 기르니 백성들은 편안하고 화합합니다. 이러한 중원을 입술이 이를 보호하듯 순치順治해야 합니다.

지금 쓸모없는 불모지로 고통스런 땅 변경을 빼앗는 국책國策은 강수江水의 언덕과 하수河水의 물가를 버리고 산마루의 언덕과 소금기 있는 연못에서 농사를 짓는 것과 같은 것입니다.

농사짓기도 힘든 땅에 오랑캐처럼 짐승을 키우며 떠돌아 사는 방식으로 살아가기 힘든 백성들을 변방으로 이주시키는 것은 잘못입니다.

변방의 백성들과 군사들을 위해 창고에 쌓인 재물과 물건을 날라 변방에 공급하는 것 때문에 백성들은 과도한 세금에 곤욕스러워 하고, 부유한 자들은 돈으로 해결하지만 돈 없는 백성들은 국경의 수자리 병사로 가는 고통에 처해 있습니다.

변방의 땅은 힘써 밭을 갈아 농사를 지어도 씨앗 값도 나오지 않을 뿐이고, 누에를 기르거나 길쌈조차 할 수 없습니다.

중국의 실이나 솜을 우러러본들 변방까지 오면 비싸진 값을 백성들은 감당하지 못합니다. 결국 가죽이나 갖옷이 닳아 망가질 때까지 입고 더운 여름과 추운 겨울을 피해 땅굴에서 살아야 합니다.

아버지와 아들과 지아비와 지어미가 작은 집이나 둥글게 쌓은 흙더미 속에서 살며 변방의 백성들은 종래 오랑캐의 습성을 닮아 오랑캐가 될 것입니다.

오랑캐를 덕으로 교화하지 않고 전쟁과 점령으로 다스리려 한다면, 중국의 밖은 늘 공허해질 것인데, 소금이나 철이 무슨 복이 되겠습니까?

15
백성의 삶이 안정되어야 국가가
부유해진다

 어사가 말했다.

국가 안에 소속된 군郡들은 인구가 많고, 샘이나 우거진 풀들이 넉넉하지 못하고, 땅의 형세는 따뜻하고 습해 소나 말에게 적당하지 않습니다.

백성들은 등으로 쟁기를 끌어 밭을 갈며 힘을 들여 농사를 지어도 수고롭기만 할 뿐 수확은 적습니다.

이 때문에 백성들은 의식衣食이 부족해 가난하고 고달프고, 노약자들이 길에서 수레를 끌고 있었습니다.

그러나 효무황제께서 동남쪽 월越나라를 평정해 밭을 만들고, 강(羌: 현재의 티베트)과 호胡의 오랑캐들을 물리쳐서 목장을 만드셨습니다.

이 때문에 진귀한 것들과 특이한 물건들로 창고를 채우고, 북쪽 오랑캐의 좋은 말들로 마구간을 가득 채우고 좋은 말을 타지 않는 자가 없었습니다. 백성들도 남방에서 나는 귀한 귤이나 유자를 신물이 나도록 먹었습니다.

이러한 것으로 말미암아 보건대 변방에 군대를 두는 이익이 이처럼 풍요로운 것입니다.

그대(文學)들이 '소금과 철이 무슨 복이 되겠습니까?'라고 이르는 것은 계획에 통달하지 못한 것입니다.

文學曰 문학이 말했다.

하夏나라 우임금이 홍수를 다스리고 구주九州를 안정시켜, 사방으로 농토가 늘어 각지에서 생산물들을 공물로 바쳐 궁실을 채우고 군주가 하고자 하는 일에 재화를 제공했습니다.

기름진 땅은 1만여 리나 되어 산이나 시내와 늪지대의 이로운 것들을 자유롭게 백성들이 쓸 수 있게 해 백성과 나라가 부유하게 되었습니다.

중원이 덕으로 다스려지고 백성들이 윤택해지자, 만蠻이나 맥貊 등 오랑캐 땅에서 나는 것이나 먼 지방의 물건들을 기다리지 않아도 모여들어 사용하는 데 풍족했습니다.

들건대 지난날 호胡와 월越을 공격하지 않았을 때에는 부역이나 세금이 적어서 백성들이 부유하고 풍족했습니다. 따뜻한 옷에 배불리 먹었으며 햇곡식을 저장하고 묵은 식량을 먹었습니다. 삼베나 비단은 사용하는 데 충분했고 소와 말들은 무리를 이루었습니다. 농부들은 말로 쟁기를 끌게 해 밭을 갈고 짐을 싣고, 백성들은 말을 타지 않는 자가 없었습니다.

그 뒤에는 전쟁이 자주 일어나 전쟁에서 사용하는 말들이 부족했고 암말까지도 전장으로 끌려갔습니다. 그때부터 백성들은 소, 말, 돼지, 양, 개, 닭 여섯 가축을 집에서 기를 여력이 없었고, 오곡은 들에서 잘 자라지 못했습니다. 백성들은 술지게미와 겨도 부족했는데 어떻게 귤과 유자에 물렸다고 하겠습니까?

전傳에 이르기를, '큰 전쟁이 있은 뒤에는 여러 해 동안 회복되지 않는다.'라고 했습니다. 지금 나라의 논밭에는 두둑이 있는데도 개간하지 못하여 황폐해지고 있고, 성곽에는 집들이 있지만 살고 있지 않는데, 변방의 군사들에게 어찌 풍요로움이 있겠습니까?

御史曰 어사가 말했다.

옛날에는 전답을 등급으로 나누어, 100보를 1묘一畝로 삼아 정전법井田法을 시행하여 백성들에게 경작하게 하고 10분의 1을 세금으로 내게 했습니다.

의義로써 공적인 것을 먼저 하고 사사로운 것을 뒤에 하는 것은 백성들과 신하들의 직분이었습니다.

선제(先帝: 武帝)께서는 백성들이 고생하면서도 의식이 부족한 것을 가련하게 여기시고 전답을 나누어 2백40보를 1묘로 삼아, 모두 30분의 1을 세금으로 납부하게 했습니다.

게으른 백성들이 농사에 힘쓰지 않으면 굶주리고 추위에 떠는 것은 당연한 것입니다.

그들이 진답을 갈지도 않고 씨앗을 뿌리고자 하고, 씨앗을 심지도 않고 열매를 거두고자 하는데, 소금이나 철을 전매하는 것이 또한 무슨 잘못이겠습니까?

文學日 문학이 말했다.

10분의 1을 세금으로 거두는 것은 백성들의 노력과 땀을 받는 것입니다. 풍년이나 흉년, 좋은 때나 나쁜 때나 늘 백성들과 함께 하는 것입니다.

백성들이 부지런히 일하는데 나 홀로 즐길 수가 없고 백성들이 즐기는데 나 홀로 부지런히 일할 수가 없는 것입니다. 그러므로 '10분의 1의 세금이란 천하에 치우치지 않고 바른 것이다.'라고 했습니다.

작금의 세금은 비록 30분의 1이라고 말은 하지만, 실상은 1백묘一百畝로 세금을 내게 하고, 흉년인 해에도 굶주리고 굶주려도 반드시 풍년인 해와 똑같이 징수하고 있습니다. 또 인구별로 부과하는 세금과 부역을 대신하는 세금까지 더하니 대략 수확의 절반을 세금으로 내는 폭입니다.

농부들이 그의 수확을 다 해도 부족하여 혹은 빌려 보태기도 합니다.

이 때문에 백성들이 힘써 경작하고 힘써 일해도 배고픔과 추위에 떠는 처지에 이른 것입니다.

성을 쌓는 자는 먼저 그 기초를 두터이 한 뒤에 높은 것을 구하고, 백성을 기르는 자는 먼저 그의 사업 규모를 두텁게 한 뒤에 그 넉넉함을 구해야 합니다.

『논어』에 이르기를, '백성들이 풍족하면 군주가 누구와 더불어 풍족하지 못하겠는가?'라고 했습니다.

御史曰 어사가 말했다.

옛날에는 제후들이 세력이 강한가를 다투어 전국시대에 함께 일어나 전쟁이 끊이지 않았습니다. 따라서 백성들이 논밭에서 일할 자가 없었는데, 10분의 1의 세금을 거두어도 백성들은 직분을 어기지 않았습니다.

지금은 폐하의 신령스러움에 의지해 전쟁이 오래도록 일어나지 않았습니다. 그런데도 백성들은 밭이랑에 나가지 않고, 인구수로써 전답을 개간한 혜택을 주어도 늘 부족하게 여기고 있습니다.

창고를 비워 가난한 이들을 구휼하는데도 상황은 날마다 더 심해졌습니다.

구휼 때문에 백성들은 더욱 게을러지고 천자께서 주시는 이로움만을 쳐다보았습니다.

이런 지경에도 폐하께서는 인자한 마음으로 손수 백성들을 찾아 그들을 위로했습니다. 그런데도 백성들은 오히려 은혜를 배반하고 의를 저버려 멀리 도망쳐 떠돌이로 살며 공적인 조세와 부역을 피해 숨었습니다.

백성들은 이러한 것들을 서로 본떠 전답은 날마다 황폐해지고, 세금을 납부하지 않으며 천자에게 저항했습니다.

군주가 비록 풍족하게 하고자 하더라도 누구와 함께 풍족하겠습니까?

문학이 말했다.

나무를 자주 옮겨 심으면 말라 죽게 되고, 벌레나 짐승도 터전을 옮기면 살아남을 희망이 적습니다.

그러므로 '대(代: 천리마가 난다는 변방) 땅의 말은 북풍北風을 의지하고, 나는 새는 옛 집을 빙빙 도는 것이다.'라고 하여 태어난 곳을 그리워하고 서러워하지 않는 것이 없다고 했습니다.

이러한 사실로 살펴보건대 백성들은 공적인 세금이나 부역을 피하는 것을 이롭게 여기고 떠돌아 도망치는 것을 즐겁게 여기지 않습니다.

누가 자신이 태어난 고향을 떠나 떠돌아다니고 싶겠습니까?

지난날에 군대를 자주 일으켜 재정이 부족하여 백성들이 가진 온갖 물품과 재물로 세금을 징수하고 탐관오리들은 자기 몫까지 넉넉하게 징수하여 취했습니다.

대개 세력 있는 토호 대가들은 세금을 내지 않습니다. 세금을 걷는 관리들은 그들을 두려워하여 감히 독촉하지 못하고, 힘없는 가난한 백성들을 가혹하게 독촉하여 감당하지 못한 백성들은 도망치고 멀리 떠난 것입니다.

중간 정도의 집안들은 도망치지도 못하고 세금을 냈으며, 뒤에 도망친 자는 먼저 도망친 자들의 몫까지 떠맡았습니다.

단속 당하는 백성은 자주 악한 관리들에게 매를 맞았습니다.

그러므로 상처받은 백성들은 서로 의지하여 몇몇 집들이 합하여 떠나는 일들이 더욱 심해지고, 농사에 나아가는 자는 더욱 적어졌습니다.

농사짓는 백성들은 고달픔을 당하다 못해 희망도 잃고 무기력해 졌습니다. 그러므로 같이 논이나 밭이랑으로 가지 않은 것입니다.

전傳에 이르기를, '정치가 너그러우면 백성들이 죽음으로써 따르고, 정치가 급박하면 아버지와 아들도 떠난다.'라고 했습니다.

이런 이유 때문에 전답은 날마다 황폐해지고 성곽은 공허해지는 것입니다.

백성을 기르는 도道는 그들이 싫어하는 바를 없애고, 그들이 편안한 곳으로 가는 것이며, 편안해도 요란하지 않고 부려도 수고롭지 않는 것입니다.

이로써 백성들은 나라의 사업을 권장하고 공적인 세금을 내는 것을 즐거워하는 것입니다. 이와 같이 하면 군주가 백성들을 구휼할 것이 없고, 백성들은 위에 바라는 이익이 없어 위와 아래가 서로 사양하고 칭송하는 소리가 생길 것입니다.

그러므로 세금을 거두어도 백성들이 싫어하지 않고 사역을 시켜도 고통스럽게 느끼지 않습니다.

『시경』의 대아 영대편의 시에는, '부리는 것이 아니라 백성들이 스스로 알아서 했다.'라고 했습니다. 이와 같다면 폐하께서는 무슨 부족한 것이 있겠습니까?

 어사가 말했다.
옛날에는 15세가 되면 대학大學*에 들어가 작은 부역을 함께

---

* 옛날에는 15세에 대학大學에 입학했는데, 일반 백성의 아들 중에서 뛰어

했습니다.

20세가 되면 관을 쓰고 성인이 되어 병역을 함께 했습니다.

50세가 넘어서도 혈맥이 넘쳐 굳세면 애로艾老라고 하였습니다. 『시경』의 소아 채기편의 시에 이르기를, '방숙方叔께서 늙으셨으나 그의 지모는 뛰어나셨네.'라고 했습니다.

지금 폐하께서 백성들을 애처롭게 여기시여 사역을 관대하게 해 23세에 부역을 시작하게 하고 56세가 되면 면제시켜 힘세고 씩씩한 이는 보조하게 하고 늙은이는 휴식시키는 것입니다.

장정은 그의 논과 마을을 다스리고, 노인들은 그의 길과 채마밭을 관리하게 해 굶주리고 추위에 떠는 근심이 없게 했습니다.

백성들이 자신의 가정을 다스리지 못하고 천자에게 불평한다는 것 또한 도리에 어긋나는 것입니다.

 문학이 말했다.

19세 미만에 죽은 것을 '상殤'이라고 하는 것은 미성년이기 때문입니다.

20세에 관을 쓰면 성인이 되는 것입니다.

30세에는 장가를 들어 가정을 이루고 병역의 의무에 종사하는 것입니다.

50세 이상이면 '애로艾老'라고 하며, 집 안에서 지팡이를 짚고 노동

난 자와 경대부卿大夫의 아들, 원사元士의 아들, 왕의 아들만이 다닐 수 있었다.

을 하는 사역에 종사하지 않게 하고 효도 받으며 휴식하게 합니다.

군, 현, 고을 향교에서 열리는 향음주례鄕飮酒禮*에서 60~70세의 노인들은 드시는 음식을 부드럽게 만들어 달리하는데, 이것은 넉넉하게 노인을 봉양하는 미풍양속을 밝게 하는 것입니다.

노인은 고기를 먹지 않으면 배가 부르지 않고, 비단옷을 입지 않으면 따뜻하지 않고, 지팡이가 아니면 돌아다니지 못합니다.

그러나 지금은 50세 이상 60세 이하 노인들을 아들이나 손자와 함께 수레로 북방으로 가는 물자를 운반하게 하니, 이런 부역을 시키는 것은 노인을 봉양하는 것이 아닙니다.

옛날에는 부모의 상사(喪事: 장례)가 있는 자는 군주가 3년간 그를 부르지 않고, 그 효도를 통하도록 해 그 애달프고 슬픈 마음을 이루게 했습니다.

군자가 중요하게 여기는 바를 스스로 다하게 한 것은 오직 어버이의 상사喪事였습니다.

지금은 방금 부모가 죽는 일을 당했더라도 상복을 벗고 군복무에 종사하게 하니, 이것은 백성들을 사랑하고 미풍양속인 효제孝悌의 마음을 따르게 하는 것이 아닙니다.

주공周公이 조카인 성왕成王과 더불어 천하를 치세할 때에는 은혜가 온 세상에 가득 차고 은덕이 사방으로 퍼졌습니다.

사람이 인仁을 머금고 덕德을 보호하여 순리로 노력한다면 얻지

---

* 향음주례鄕飮酒禮: 주周나라 때 향교鄕校의 우등생들을 중앙정부에 추천할 때 향鄕 대부가 주인이 되이 송별연을 베푸는 예.

못할 것이 무엇이 있겠습니까?

『시경』에 이르기를, '밤낮으로 천명을 좇아 애쓰셨소!'라고 했습니다.

폐하께서 춘추가 어려 대신에게 위임하고 공경들에게 정사를 보좌케 했는데 정사政事와 교화敎化는 균등하지 않았습니다. 그러므로 백성들의 고통이 있는 것입니다.

문학의 말을 들은 어사가 묵묵히 대답하지 못했다.

16
내치에 힘쓰고 주변국과 쓸데없는 분쟁을 일으키지 마라

大夫曰 대부가 말했다.

제왕은 모두를 함께 포용하여 한 날개로 덮어 널리 사랑하고 사사로움이 없으며, 가까운 사람들에게만 거듭 베풀지 아니하고 멀리 있는 자들이라도 은혜를 잊지 않게 하는 것이다.

그런데 함께하는 백성이나 신하들의 안전함과 위태함, 애씀과 편안함이 똑같지 않으니 그 삶의 질에 따라 조절하는 것이 마땅하지 않겠는가?

밖을 생각하지 않고 유독 안쪽만을 계산하는 것이 좋은 의논이겠는가?

변방의 백성들은 춥고 괴로운 땅에 살면서 강력한 오랑캐들의 어려움을 막아내며, 봉화를 한 번 올리려면 죽음을 무릅써야 하는 어려움이 있다.

그러므로 변방의 백성들이 백 번을 싸워야 중국이 편안히 잠을 잘 수 있는 것이다. 변방의 군郡으로 중원을 막는 가리개로 삼는 것이다.

『시경』의 소아 북산편에 이르기를, '왕의 일이 아닌 것이 없거늘 나 혼자만 수고롭네.'라고 한 것은 역할이 균등하지 않은 것을 비난한 것이다.

이 때문에 성왕은 동서남북 변방 백성의 수고로움을 안아주고, 군사를 일으켜 호胡와 월越을 물리쳐 도적들을 멀리하고 중국의 재앙을 안정시켰다.

또한 중국에 풍부하게 있는 것들을 변경에 조달시켜 변경을 강력하게 해 중국이 편안하게 했다.

중국이 편안해지면 마음이 평온하여 아무 일이 없는 것이다. 무엇을 요구한들 침묵하지 않겠는가?

 문학이 말했다.

옛날에 천자는 천하의 중앙에 국가를 세워 현縣의 안이 사방으로 1천 리를 넘지 않았고, 제후 열국들은 불모의 땅에는 이르지 않아, 『서경』의 우공편에는 5천 리에 이르렀다고 했습니다.

백성들은 각자 그들의 군주에게 공물을 바치고 제후들은 각각 그들의 나라를 보호했습니다.

이로써 백성들이 고르게 조화되어 노역으로 고달파하지도 않았습니다.

지금은 오랑캐와 월나라를 수천 리 밖으로 쫓아 도로는 구불구불해졌고 군사들은 피로에 지쳤습니다. 그러므로 변방의 백성들은 오랑캐에게 목이 달아나는 재앙이 있고, 중국에는 오랑캐를 두려워하는 근심이 있으니, 이것이 백성들이 나라를 비난하며 침묵하지 않는 이유입니다.

대저 국가를 다스리는 도는 안에서부터 밖으로 이르고 가까운 자로부터 시작하는 것입니다. 가까운 자들이 친해진 연후에 먼 곳에 있는 자들이 오는 것입니다.

그러므로 옛적 모든 신하들이 논의하여 먼 곳을 겸병하여 제압하자고 건의했으나 현명한 군주는 허락하지 않았고, 먼저 가까운 곳을 구제하고 때에 이르러서는 백성들에게 농업에 힘쓰도록 했습니다. 또한 조서를 내려 이르기를, '지금 힘써야 할 것은 가혹한 것을 금지시키고, 멋대로 걷는 세금을 중지시키고, 근본인 농업에 힘쓰는 데 있다.'라고 했습니다.

더불어 공경公卿들께서는 마땅히 현명한 군주의 뜻에 따라 백성들의 급한 것들을 돕게 했습니다.

지금 이 나라는 중원이 쇠락하는 것은 걱정하지 않고 변경에만 힘을 쓰고 있습니다. 땅만 넓히고 경작하지 않고, 씨앗만 많이 뿌리고 김을 매지 않게 되면 힘만 낭비하고 힘을 들여 이룬 결과는 없을 것입니다.

『시경』의 제풍 보전편의 시에 이르기를, '큰 밭을 갈지 말라. 강아지풀만 무성하리라.'라고 했는데 그 시는 이러한 것을 이른 것입니다.

大夫曰 대부가 말했다.

탕왕과 무왕이 죄 있는 이를 친 것은 군사를 사용하는 것을 좋아해서가 아니다. 주나라 선왕宣王이 나라를 1천 리로 개척한 것은 탐욕이 있어서 빼앗은 것은 아니다. 도적들을 없애고 백성들을 편안하게 하기 위한 것이었다.

그러므로 군대의 공로가 없는 곳에 군자는 군대를 보내지 않는 것이다.

그와 마찬가지로 성스런 군주는 쓸모없는 땅을 탐하지 않는 것이다.

무제武帝께서 탕왕이나 무왕처럼 군사를 일으켜 서쪽과 남쪽과 동쪽의 어려움들을 안정시키고, 북쪽을 공격하자 흉노가 달아났으므로 산과 강을 따라 방어를 했다.

절벽으로 이루어진 굽이진 곳에 요새를 설치하고 하수河水의 험난함에 의지하여 변방의 요해처를 지켰으며, 부역을 관대하게 하고 선비와 백성들을 보호했다.

이러한 것으로 말미암아 보건대, 성스런 군주의 마음은 땅을 넓히는 것에 힘쓰면서, 백성들을 수고스럽지 않게 할 따름이다.

文學曰 문학이 말했다.

진秦나라가 군사를 사용한 것은 가히 대단하다고 이를 것이며, 몽염蒙恬 장군이 먼 곳까지 국경을 개척한 것 또한 대단했다고 할 수 있습니다.

그러나 지금은 몽염이 개척한 요새를 넘어 오랑캐들이 점령했던

땅에 군과 현을 설치하니 국토는 더욱 멀고 백성들은 더욱더 수고해
야 합니다.

삭방(朔方: 현 감숙성 난주 북서쪽 지방의 옛 이름)의 서쪽이나 장안
(長安: 현 서안西安) 북쪽에 새로운 군을 세우는 노력과 외성을 쌓는
비용은 다 계산할 수가 없습니다.

이것뿐만이 아닙니다. 사마상여司馬相如와 당몽唐蒙이 서남쪽의 오
랑캐와의 길을 뚫는다며 파촉(巴蜀: 현 사천성)과 공작(邛筰: 현재 운
남성)을 피폐하게 만들었습니다.

횡해장군橫海將軍 한열韓說은 남쪽의 오랑캐를 정벌하며 무리하게
하고 남쪽을 피폐하게 만들었고, 형荊나라와 초楚나라는 구甌와 낙
駱을 피폐하게 만들었습니다. 좌장군左將軍 순체荀彘는 조선을 정벌
하여 임둔군臨屯郡을 개척했으며, 연燕나라와 제齊나라는 예맥穢貊을
곤욕스럽게 했고, 장건張騫은 멀리 서북변방까지 가서 쓸모없는 것
을 사들여와 창고에 저장된 재물이 물건 값으로 외국으로 흘러 들어
가게 했습니다.

이렇게 보면 특별히 절벽으로 이루어진 곳에 현을 만드는 비용이
나, 군대의 주둔 비용만은 아닐 것입니다.

이러한 것으로 말미암아 보건대, 군주가 마음을 쓴 것이 아니라
일 만들기를 좋아하는 신하들이 천자를 위해 지나친 계획을 세운 결
과입니다.

大夫曰 대부가 말했다.

관중管仲과 같은 지혜를 가진 자는 하인들이 하는 일을 하지 않는다.

천하제일의 부자 도주공陶朱公과 같은 생각을 품은 자는 나중에 빈곤한 곳에 살지 않는다.

문학들은 말을 잘하지만 행동하는 데 능하지 못하고, 아래에 처했으면서도 위를 비난하고, 빈곤한 곳에 있으면서도 부자를 비난하고, 말이 거창하면서도 실행하지 않고, 고상한 것에 힘쓰면서도 행동은 비루하고, 명예로운 이를 비난하고 의논을 비난하여 세상에 고상한 명예를 구하고 선善한 척만 하려고 한다.

대저 녹봉이 손아귀로 움켜잡는 데 지나지 않는 자는 국가의 다스림을 말하는 데는 부족하다. 집 안에 곡식 한두 섬이 가득하지 않은 자는 일을 계획하는 데 부족하다.

유자들은 모두 가난하고 파리하여 의관도 제대로 수습하지 못하는데 어찌 국가의 정치와 천자의 일을 알겠으며, 또한 작은 현이나 조양朝陽의 경비를 어찌 알겠는가!

文學曰 문학이 말했다.

신분이 천하다고 지혜에 방해가 되지 않고, 가난하다고 행동에 해가 되는 것은 아닙니다.

공자의 제자인 안회(顔回: 안연)는 자주 쌀뒤주가 비었는데 어질지 않다고 할 수 있습니까?

공자께서는 등용되지 않았으나 성인이 아니라고 하지 않습니다.

용모로써 사람을 등용하고 화려한 재주로 선비를 진출시킨다면 태공은 평생토록 푸줏간에서 칼을 잡는 백정일 것이며, 영척(寧戚: 제나라 환공의 신하)은 소를 먹이는 신세에서 떠나지 못했을 것입니다.

옛날의 군자는 도를 지켜 이름을 세웠고, 몸을 닦아서 때를 기다렸으며, 궁하다고 절개를 바꾸지 않았고, 천하다고 의지를 바꾸지 않았습니다. 오직 인仁에 머물며 오직 의義로 행동했습니다. 재물을 구차하게 얻고, 의를 배반하여 불의로 부자가 되고, 명성이 없는데 귀해지는 것들을 인자仁者는 하지 않는 것입니다.

그러므로 증삼(曾參: 효행이 뛰어난 공자의 제자)이나 민자건(閔子騫: 효행과 덕이 뛰어난 공자의 제자)은 인仁으로써 진晉나라와 초楚나라의 부유함과 바꾸지 않았습니다.

백이(伯夷: 절개와 청렴의 대표적 인물)는 자신의 의義를 행함에 있어 죽음으로써 제후의 작위와 바꾸지 않았습니다.

이 때문에 제나라의 경공景公은 말 4천 마리를 가지고 있었으나 후세에 백이와 숙제와 함께 이름을 올리지 못했습니다.

공자께서 말씀하시기를, '어질구나! 안회여! 한 소쿠리의 밥을 먹고 한 표주박의 물을 마시며 누추한 곳에 사는 것을 다른 사람들은 그 괴로움을 견뎌내지 못하거늘 안회는 그 즐거움을 버리지 않는구나!'라고 하셨습니다.

그러므로 오직 인자仁者만이 능히 검소하고 절약하여 즐거움에 거하며, 소인小人들은 부자가 되면 포악해지고, 가난하게 되면 예의에 벗어나는 행동을 하는 것입니다.

양호(陽虎: 춘추시대 노나라 사람)가 말하기를, '인仁하면 부유하지 못하고, 부유하면 인하지 못하다.'라고 했습니다.

진실로 이로운 것을 먼저 하고 의義를 뒤에 하게 되면, 취하고 빼앗는 악행을 부끄러워하지 않을 것입니다.

공경께서는 억만금을 쌓고 대부께서는 1천금을 쌓고 더욱이 선비가 1백금을 쌓았다면 자신을 이롭게 하기 위해 재산을 모은 것입니다.

백성들은 추위로 고통스러워하고 길에서 방황하고 있는데 참된 유생들이라면 어떻게 그 의관을 완전하게 갖추겠습니까?

빈부격차가 나라의 큰 적이다

大夫曰 대부가 말했다.

나는 어릴 때부터 교육을 받아 나이 13세부터 천자가 계시는 수도에서 일을 맡아 경대부卿大夫의 지위에까지 오르고 관직과 녹봉과 하사품을 받은 지 60여 년이 흘렀다.

수레나 말이나 의복의 사용이나 아내와 자식들과 노복들을 기르는 비용은 들어오는 것을 헤아려 검소하게 절약하여 쓰고, 녹봉과 상으로 받은 하사품을 하나하나 계산하여 세월이 지나 점점 쌓이다 보니 부유해지고 사업도 성공할 수가 있었다. 그러므로 땅을 분배받는 것이 한결같아도 어진 이는 능히 지켜낸다.

또한 재물을 분배하는 것이 한결같아도 지혜로운 자는 잘 계산하는 것이다.

백규白圭는 물건을 저장하고 내다 파는 일을 잘하여 부자가 되었고, 자공子貢은 세 번이나 1천금을 이르게 했는데 어찌 반드시 백성들에게 의지하여 부를 이루었겠는가?

여섯 치의 수판數板을 운용하고 이익과 손실을 회전시키고, 귀하고 천한 사이에서 취했을 뿐이다.

 문학이 말했다.

옛날에는 공직자가 두 가지 일을 하지 않았으며, 이익과 녹봉을 겸하지 않았습니다.

역사적으로 작위와 녹봉이 높은데도 겸손하고 재산을 사양한 청빈한 명성들은 다 거론할 수가 없을 정도로 많습니다.

반면에 권세를 이용해서 이런 저런 이익을 구하는 부정한 수입을 올린 자도 다 셀 수가 없습니다.

권세 있는 자가 호수나 연못을 지배하고 산과 바다를 관리하게 되면 땔나무꾼들은 그들과 이익을 다투지 못하고, 장사치들조차 권세가들과 이익을 다투지 못할 것입니다.

자공이 일반 백성의 신분으로 부를 이루었는데도 공자께서는 비난했는데, 하물며 자신의 위세와 지위로써 재물을 구하는 자는 어떻겠습니까?

그러므로 옛날에 대부는 인의仁義로 보람을 찾았으며 권세나 이익으로써 그의 사사로운 것을 채우지 않았습니다.

 대부가 말했다.

산악山岳에 풍부한 것이 있은 연후에 백성들이 넉넉하게 사는 것이다.

하수河水나 바다는 먼저 땅을 윤택하게 한 연후에 백성들이 취할 수 있는 것이다. 얼마 깊지 아니한 고인 물은 연못에 물을 대지 못하고, 작은 언덕에 있는 나무로는 궁궐을 만들지 못하는 것이다.

작은 것은 큰 것을 능히 감싸지 못하고 적은 것은 많은 것을 넉넉하게 하지 못한다.

스스로를 만족시키는 데 능하지 못하면서 남을 만족시키는 데 능한 자는 없다. 스스로를 다스리는 데 능하지 못하면서 남을 다스리는 데 능한 자는 없다.

그러므로 남을 위하는 것을 잘하는 자는 스스로를 위하는 데 능하고, 남을 다스리기를 잘하는 자는 스스로를 다스리는 데도 능한 것이다.

문학들은 안으로 다스리는 것에 능하지 못하면서 어찌 밖을 다스리는 데 능하겠는가?

 문학이 말했다.

먼 길을 가는 자는 수레를 빌리고 강이나 바다를 건너는 자는 배를 사용합니다.

그러므로 어진 선비가 공로를 세우고 명성을 이루는 것은 바탕을 따라 자기 역할로 도道를 펴는 것입니다.

노나라의 공수자公輪子는 군주의 재목을 이용해서 궁궐을 짓고 높은 대를 만들었으나, 마음대로 쓸 수 있는 방이나 작은 집을 만들지 못했는데 그것은 재목이 없었기 때문입니다.

내장장이인 구야歐冶기 왕의 구리와 철을 이용하여 쇠 화로나 큰

종을 만드는 데는 능했으나 스스로 쓸 그릇, 병이나 솥이나 사발을 만드는 데 능하지 못한 것은 그것을 만드는 비용과 재료가 없었기 때문입니다.

군자君子는 군주의 바른 조정에 인연하여 백성들을 조화시키고 백성들을 윤택하게 하는 데는 능하지만 스스로 그의 집안을 풍요롭게 하는 데는 능하지 못한데, 그것은 재물과 세력이 편하지 않았기 때문입니다.

그러므로 순임금이 역산歷山에서 밭을 갈았으나 은혜는 마을에 이르지 못했고, 강태공은 조가(朝歌: 은나라의 수도)에서 소를 잡는 백정노릇을 했으나 이로운 것이 아내와 아들에게 이르지 못했습니다.

그들이 니라에 등용됨에 이르러 은혜는 사방팔방 세상 끝까지 흘러들었고 덕은 온 세상에 넘쳤습니다.

순임금은 요임금을 빌리고 태공은 주周나라를 빌려서 일어난 것입니다.

군자는 자신을 닦아 도를 알리고 쓰는 데는 능하지만, 도를 굽혀서 재물을 빌리는 데는 능하지 못한 것입니다.

大夫曰 대부가 말했다.

도道는 하늘에 매달린 것이고 사물은 땅에 퍼져 있는데, 지혜로운 자는 이것을 넉넉하게 하고 어리석은 자는 이것으로 곤궁해지는 것이다.

자공子貢은 쌓고 쌓아서 제후 앞에 나타났고, 도주공陶朱公은 재물을 불려서 당세에 존경을 받았다. 부자들은 그들과 사귀었고 가난한 자들은 구제를 받았다.

두 사람의 부는, 위로는 군주로부터 아래로는 이름 없는 선비에 이르기까지 그의 덕을 입지 아니한 자가 없어 그들의 인仁을 칭송했다.

공자의 제자인 원헌原憲과 자사子思는 당시에 굶주림과 추위로 근심을 겪었고, 안회는 궁벽한 시골에서 자주 쌀뒤주가 비었다.

아무리 공자의 제자라 해도 그 지경에서는 따뜻한 집과 솜옷을 구하고자 했을 것이다. 그들이 비록 재물을 빌리고 싶었겠지만 또한 능하지 못했을 뿐이다.

 문학이 말했다.

공자께서 『논어』 술이편에 이르시기를, '부자가 되는 것을 구한다면 나는 비록 채찍을 잡는 마부가 된다고 하더라도 나 또한 그 일을 하겠다. 만일 내가 부富를 구하지 않는다면 나는 내가 좋아하는 것을 따르리라.'라고 하셨습니다.

군자는 의義를 구하고 구차하게 부유하지 않는 것입니다. 그러므로 공자께서 자공이 하늘의 명을 받지 않고 재물을 불리는 것을 비난한 것입니다.

군자는 도道에 어울리는 시대를 만나면 부유해지고 귀해지며, 시대를 만나지 못하면 물러나 도를 즐기는 것입니다.

이로운 것으로써 자신을 더럽히지 않는 것입니다. 그러므로 의를 어기며 망령되게 취하지 않는 것입니다.

숨어 살면서 절개를 닦는 것은 행동을 방해받지 않고자 하는 것입니다. 그래서 명예를 훼손하면서까지 세력을 따르지 않는 것입니다.

선비는 비록 부유한 집안을 후견인으로 붙여 준다고 해도 그의 뜻이 아니면 머물지 않았습니다. 부유하고 귀한 것을 영광으로 여기지 않고, 비방하고 헐뜯는 것에 상처받지 않습니다.

그러므로 원헌原憲은 자신의 낡은 솜옷을 계손季孫씨의 여우 갖옷이나 담비 갖옷보다 귀하게 여겼고, 진晉나라의 대부 조선맹趙宣孟은 자신의 생선반찬을 지백智伯의 고기반찬보다 달게 여겼습니다.

또한 공자의 손자 자사子思는 자기가 차고 있는 초라한 은패銀牌를 우공虞公의 귀한 구슬보다 아름답게 여겼습니다. 이에 위문후魏文侯가 단간목段干木의 마을을 지날 때 수레의 가로나무대를 잡고서 자사에서 읍례를 한 것은 자사가 권세와 재물이 있어서 그러한 것이 아니었습니다. 그가 덕으로 가득 찼기 때문이었습니다. 그러므로 귀한 것이 어찌 반드시 재물이겠습니까? 인仁과 의義가 있을 뿐입니다.

18
관리가 이익을 탐하면 재앙이 된다

 대부가 말했다.

마음에는 굽은 것을 품고 밖으로는 바른 것을 말하고, 스스로 는 욕심이 없다고 하면서 실제로는 따르지 않는 것, 이것이 선비의 실정 아닌가?

옛날에 진秦나라의 이사李斯는 포구자包丘子와 함께 성악설性惡說 을 주장한 순자荀子를 섬겨 공부했다. 이후 이사는 진秦나라에 들어 가 드디어 삼공三公의 자리를 취하고 만승萬乘의 권세에 의지하여 온 세상을 다스렸다. 그 공로는 은나라의 이윤과 주나라 때 태공망에 짝했고 명성은 태산보다 높았다.

반면에 포구자는 깨진 항아리로 창을 만든 초라한 초가집에서 사 는 것을 면치 못했으며, 마치 장마철의 개구리와 같이 살다가 마침 내는 물구덩이 속에서 죽었을 따름이다.

지금 선비들은 안으로는 봉양할 것이 없고, 밖으로는 칭찬할 것이 없으며, 가난하고 가난한데도 의를 좋아하고 있다. 비록 입으로 인의를 말하지만 족히 귀한 것은 아닌 것이다.

文學曰 문학이 말했다.

당시 이사가 진나라 재상이 된 것은 시황이 임명했고 신하들 중에서 이사보다 뛰어난 사람이 없었기 때문입니다. 그러나 이사를 데리고 있던 순자는 이사가 예측하지 못할 재앙을 당할 것을 직감하고 걱정으로 식사도 못 했다고 했습니다.

반면에 포구자는 억센 마와 쑥과 명아주를 밥으로 먹으며, 치장하지 않은 집 안에서 뜻을 즐기며 도를 닦는 걸 귀하게 여겼습니다.

넓은 집에서 고기반찬을 먹는 것보다 거친 음식을 편안하게 여겼고, 빛나고 빛나는 권세는 없으나 그로 인하여 근심하고 근심하는 기색이 없었습니다.

진晉나라 헌공獻公이 소유한 귀한 구슬이 아름답지 아니한 것이 아니었으나, 우虞나라 대부 궁지기宮之奇가 그것을 보고 탄식한 것은 구슬을 선물한 헌공의 신하 순식荀息의 계책을 알았기 때문입니다.

진晉나라의 지백智伯은 부자로 한韓씨, 위魏씨, 조趙씨보다 성대했습니다. 그러나 조양자趙襄子의 계책을 알지 못했기 때문에 망할 수밖에 없었습니다.

그러므로 진나라의 헌공은 보배로운 구슬과 말로써 우虞나라와 괵虢나라를 낚시질했고, 조양자는 성을 무너뜨려 지백을 유인한 것입니다. 때문에 지백의 몸은 조趙나라에 사로잡혔고, 우나라와 괵나라는 마침내 진나라에 합병되었습니다.

그들이 망한 이유는 힘써 얻은 것을 귀하게 여기지 않고 다른 나라의 땅과 보배와 귀한 구슬과 듣기 좋은 말을 이익으로만 여겼기 때문입니다.

공자께서 이르시기를, '사람이 멀리 생각하지 않으면 반드시 가까이에 근심이 있다.'라고 하셨습니다.

오늘날에도 지위에 있는 자들은 이로운 것만을 보고 해로운 것을 헤아리지 않고, 얻는 것만을 탐하고 부끄러운 것을 돌아보지 않으며, 이로운 것으로써 자신의 생각과 말을 바꾸고 재물로써 죽음과 바꾸는 것입니다.

인의의 덕이 없는데도 부유하고 귀한 녹봉이 있는 것은, 마치 구덩이나 함정을 밟고 매달려 밥을 먹는 모양새입니다. 이것이 진나라 이사가 오형五刑*으로 고통 속에 죽은 이유입니다.

남쪽에 봉황을 닮은 원추鵷鶵라는 새가 있는데 대나무 열매가 아니면 먹지 않고 동쪽에서 샘솟는 신선한 예천醴泉의 물이 아니면 마시지 않고 절개 있게 산다고 합니다.

원추가 태산 위를 날아 지날 때 태산의 올빼미가 고개를 숙이고 썩은 쥐를 쪼아 먹다 원추가 나는 것을 올려다보며 화를 낸다고 합니다.

지금 공경과 대부들이 자신들의 권세와 부귀로 늘 선비와 유자들을 비웃는데, 이런 행태가 어찌 마치 태산의 올빼미가 원추를 보고 화를 내는 것과 같지 않겠습니까?

* 묵墨, 의劓, 비剕, 궁宮, 대벽大辟의 다섯 가지 형벌.

대부가 말했다.

배움이란 고루하여 통하지 않는 것을 방지하는 것이고, 예의
란 비루한 행동을 꾸미지 않기 위한 것이다. 그러므로 배워서 덕을
돕고 예禮로써 질박한 것을 꾸미는 것이다.

말은 도道에 합당한가를 생각하고 행동은 가히 즐거운가를 생각
하라고 했다. 나쁜 말이 입에서 나오지 않으면 사특한 행동은 몸에
미치지 않는다.

동작이 예에 응하면 차분하게 되어 도에 알맞을 것이다. 그러므로
예로써 행동하고 손순함으로써 나아가는 것이다.

이 때문에 종일토록 말을 해도 입에서 실언이 없고, 일평생 행동
해도 억울한 실수가 없게 된다.

지금 군주께서는 관직을 베풀고 조정을 세워 백성들을 다스리는
데, 작위를 나누고 녹봉을 구분하여 어진 이를 포상하는 것을 '문에
썩은 쥐를 매어 놓은 것이다.'라고 선비들은 말한다. 도를 말하는 선
비들이 어찌 언사가 비루하고 어그러져 있는가?

문학이 말했다.

성스런 폐하께서 관직을 만들어 수여하고 임명하는 것은 능력
있는 자에게 해야 하는 것입니다.

어진 이가 임명되고 능력 있는 자가 녹봉을 받아야 합니다.

의義를 귀하게 여기는 것보다 높은 것이 없고, 의로 취하는 것보다
많은 것은 없습니다.

그러므로 순임금이 요임금의 천하를 이어 받았고, 태공이 주나라

삼공의 무거운 자리를 피하지 않았습니다.

진실로 그 사람이 그 자리에 어울리지 않는다면 백성들이 괴롭게 되는 것입니다.

그러므로 덕이 부족한데 지위는 높고, 힘은 적은데 중대한 것을 맡으면 맞지 않은 것입니다.

태산의 올빼미가 썩은 쥐를 쪼아 먹는 것은 깊은 못이나 산골짜기 속에서 하는 일이므로 사람에게 피해가 있지는 않습니다.

지금의 관리들은 군주의 재산을 도적질하고 형법을 이용해 백성들의 피와 땀을 먹고 있는데, 이것이 발동된 근본 원인은 알지 못하고 선비와 유자儒子들을 꾸짖기까지 합니다.

지금의 공경과 대신과 관리들과 그 권력에 빌붙어 백성을 괴롭히는 자들이 선비들을 꾸짖는 것이 어찌 태산의 올빼미와 다르다 하겠습니까?

 대부가 말했다.

사마자司馬子가 말하기를, '천하가 넉넉하게 되면 모두가 이로운 것을 쫓아간다.'라고 했다.

조趙나라의 여자들은 남편이 못생겼는지 잘생겼는지를 가리지 않고, 정鄭나라의 여자들은 남편을 고르는데 멀고 가까운 것을 가리지 않고, 상인들은 부끄럽고 수치스러운 것을 부끄럽게 여기지 않는 것은 이득과 의식을 걱정하지 않고 살고자 하는 데 있다.

병사들은 죽는 것을 아끼지 않고, 관직에 있는 이가 임지로 나가 부모와 가까이 있지 않고, 군주를 섬기는 이가 그 어려움을 피하지 않는 것은 모두 이로운 녹봉을 위해서이다.

유생儒生이나 묵자墨者*들은 안으로는 탐하고 밖으로는 엄숙한 척하며 왔다 갔다 하면서 유세游說하며 세상을 바쁘게 하는데, 또한 무엇인가를 얻고자 함이 아닌가?

그러므로 지위가 높아 영화로운 것은 선비들이 바라는 것이고, 부유하고 귀한 것은 선비들이 장차 원하고 기약한 것들이다.

진나라 이사가 순자의 문하에 있을 때는 용렬한 사람이라도 그 문하생들과 더불어 수레를 나란히 했다.

이사가 날개를 세차게 퍼덕여 멀리 날 듯하고, 용이 승천하고 기마가 달리듯이 해, 구주九州를 지나서 하늘과 땅 사이 높은 곳에서 빙빙 날며, 기러기나 고니나 천리마와도 함께 짝이 되었는데 하물며 절름발이 양羊이나 제비나 참새의 무리이겠는가!

이사가 등용되어 천하의 권세를 석권하고 백성들을 통솔할 때 그를 뒤따르는 수레가 1백 대에 이르고 녹봉은 1만 석이나 되었다.

융통성 없는 유생들은 거칠고 성긴 베옷도 완전하지 못하고 술지게미와 겨로도 배를 채우지 못하면서도 콩죽을 달게 여기고 거대한 집을 비하하는 것이야말로 능히 얻지 못하기 때문이 아니겠는가! 비록 남을 꾸짖고자 한다고 하더라도 그 무슨 뜻으로 하겠는가?

---

*   묵자의 뜻을 따라 사는 문도門徒. 묵자(墨子, 기원전 480~기원전 390)는 중국 춘추전국시대의 백성을 위한 사상을 널리 펴고 실천했다. 핵심 사상은 겸애이고 『묵자』에 전한다. 유교 및 도교와 대립했다. 약한 나라를 도와 강한 나라의 침공을 막는 수성守城을 실천하여 초나라의 공격을 아홉 번이나 방어했다.

문학이 말했다.

군자는 덕을 행하는 것만을 생각하고, 소인은 편안한 것만을 생각합니다.

현명한 선비는 명성만을 따르지만, 탐하는 지아비는 이로운 것에 목숨을 겁니다.

이사는 그가 하고자 하는 것만을 탐하다 그가 싫어하는 치욕 속에서 죽기에 이르렀습니다.

초楚나라의 손숙오孫叔敖는 일찍부터 일어나기 전의 일을 알고 세 번이나 재상의 자리를 떠났으나 후회하지 않았습니다.

낮고 천한 것을 즐겨하고 두터운 녹봉을 싫어해서가 아니라, 미래에 생길 근심을 생각하고 해로운 것을 피해 조심한 것이었습니다.

제사에 제물로 쓰이는 소는 1년 동안 잘 먹인 뒤에 화려하게 수놓은 무늬의 옷을 입혀 묘당(廟堂: 사당)으로 들여보냅니다. 태재(太宰: 요리사들의 우두머리)가 방울이 달린 칼을 잡고 그 털을 제거하는 이때서야 그 소가 다른 소처럼 무거운 짐을 지고 높은 언덕을 오르기를 원해도 얻지 못할 것입니다.

상앙商鞅이 팽지彭池 땅에서 죽임을 당했고, 오기吳起는 군왕의 시신 위에 엎드려 죽었는데, 그들이 죽기 전 베옷을 입고 궁벽한 시골의 초라한 집에서 살기를 원했어도 이루지 못했을 것입니다.

이사가 진나라의 재상이 되어 천하의 권세를 석권했을 때는 마음으로 만승의 천자도 작다고 여겼을 것입니다.

그가 감옥에 갇히고 운양雲陽의 저자거리에서 오체가 떨어져 나가는 거열형(車裂刑: 사지를 수레에 매어 찢어 죽이는 형벌)에 처해짐에 이르러서는 땔나무꾼이 되어 나뭇짐을 지고 굽이진 산길을 가기 원했어도 이루지 못했을 것입니다.

　소진蘇秦이나 오기吳起는 권세 때문에 스스로 죽었지만 상앙이나 이사가 존중받으면서 스스로 멸망한 것은 모두가 녹봉만을 탐하고 영화만을 사모하여, 그의 몸을 망친 것입니다.

　진나라 이사에게 수레 1백 대가 따를지라도 일찍이 그 재앙을 싣는 데는 부족했을 것입니다.

관리는 향기로운 미끼에 현혹되지
말아야 한다

大夫曰 대부가 말했다.

백이伯夷는 청렴했기 때문에 굶어 죽었고, 미생尾生은 약속을 지키려다가 물에 빠져 죽었다.

작은 기량으로 말미암아 큰 요체를 이지러뜨리고, 필부가 작은 신의를 위해 개천에서 목을 매어 죽으면 사람들이 누가 알아주겠는가! 또 무슨 공로나 명예가 있겠는가?

전국시대 소진蘇秦이나 장의張儀의 지혜는 국가를 강성하게 하는 데 족하고, 용기는 적을 위협하는 데 족해 한 번 노하면 제후들이 두려워하고, 편안하게 살면 천하가 휴식했다.

만승의 군주에게는 몸을 굽혀 자신을 낮추어 말하며 몸을 굽혀 많은 예물을 가지고 교제를 청하지 않는 이가 없었는데 이러한 이를 천하의 명사名士라고 이른다.

지혜는 천하창생을 위해 함께 계획하기에 부족하고, 권세는 시대를 운용하는 데 능하지 못하다면 백성들은 이를 죄라고 하는 것이다.

지금 없는 것을 있다고 하고 텅 빈 것을 가득하다고 여기는, 백성의 텅 빈 신망만을 받는 선비를 등용함은 녹봉만 낭비하는 것이다.

세상에 드러난 공로와 명예가 있는 선비를 등용해 세워야 한다.

 문학이 말했다.

전국시대 소진은 합종책合縱策으로 조趙나라 재상이 되었고, 장의는 연횡책連橫策으로 진秦나라에 임용되었습니다.

전국시대에 지략가들의 직위는 모두 높고 귀했습니다. 그래서 지혜 있는 선비들은 이 때문에 걱정했습니다.

계손씨季孫氏나 맹손씨孟孫氏의 권세와 노나라 삼환三桓씨의 부유한 것을 가리켜 공자께서 이르시기를, '삼환의 자손들이 미약해져 간다.'라고 하셨습니다.

권세가 군주와 동등하고 부유함이 국가와 대등해지면 망하는 것입니다. 그러므로 그의 지위가 더욱 높아질수록 죄는 더욱 무거워지고, 녹봉이 점점 두터워지면 죄는 점점 많아지는 것입니다.

바르게 행동하는 자는 먼저 자신을 온전하게 하고 뒤에 이름을 구하고, 벼슬을 하는 자는 먼저 해로운 것을 피하고 뒤에 녹봉을 구하는 것입니다.

그러므로 향기로운 미끼가 맛있지 않는 것은 아니지만 거북이나 용은 낚시에 달린 미끼를 피해 깊이 숨고, 봉황도 올무로 위장한 벽

오동 열매를 보면 높이 날아가는 것은, 그것이 몸을 해치는 것을 알기 때문입니다.

지혜롭지 못한 까마귀나 까치나 물고기나 자라는 향기로운 미끼를 먹은 뒤에 몸부림 치다 죽는 수밖에 없었습니다.

지금 관리들은 국가의 법을 속여 진출하여, 죄를 돌아보지 않고 죄를 덮으려 더 큰 죄를 지으며 도적으로 살아갑니다. 그러다 졸지에 태산같이 높이 쌓인 죄가 드러난 연후에 수레를 달려 도망가 보아도 잡혀 벌을 받고 비참하게 죽는 수밖에 없습니다.

도적질한 것을 보상하는데도 부족해 처와 자식들은 노비로 팔리는데, 이러한 때 어느 겨를에 한 번이라도 웃겠습니까?

大夫曰 대부가 말했다.

문학들은 행동이 고상하고 성정이 굳세며, 절개와 언사가 고결하고 깨끗해 탁한 것들이 물들이지 못할 것 같기는 하다.

그러나 변방을 수비하는 졸병인 진승陳勝은 수레 끄는 일을 버리고 반역을 일으켜 스스로 장초張楚라는 나라를 세워 왕이 되었다.

그는 본래부터 안회顔回나 중유仲由와 같은 행동이나 재상 또는 신하의 반열에 있지 않았다.

그런데 제齊나라와 노魯나라의 유생이나 묵가의 묵도墨徒들은 긴 의복을 늘어뜨리고 공자의 예기禮器인 시詩와 서書를 가지고 예물로 바치고 신하가 되었다.

공자의 후손 공갑孔甲은 진섭陳涉의 신하가 되어 마침내 진섭과 함께 죽었으며 천하의 큰 웃음거리가 되었다. 깊이 숨고 고상하게 살다 간 자들이 진실로 이와 같은 것인가?

 문학이 말했다.

　주나라 왕실이 쇠약해 예와 의가 무너지고, 천하를 도맡아 다스리는 데 능하지 못했습니다. 이에 천하의 제후들이 전쟁과 계략으로 서로 멸망시키고 합병시켜, 여섯 나라가 되었는데도 전쟁은 중지되지 않았고, 백성들은 편안한 휴식을 얻지 못했습니다.

　진秦나라는 사납고 인정이 없는 흉심으로 전국戰國의 여섯 나라를 병탄하여 천하통일의 공로를 스스로 자랑하고, 스스로 요임금이나 순임금보다 우월하다고 생각하고 부끄러움 없이 방자하게 행동했습니다.

　인의仁義를 버리고 형벌을 숭상하고 도道와 문文을 스승으로 삼지 않고 무력으로 천하의 일을 결정했습니다.

　간신 조고는 감옥과 고문으로 안에서 다스리고, 장군 몽염은 병사들을 밖으로 사용하여 끊임없이 전쟁을 해 온나라 백성들을 근심하게 했습니다.

　진왕(陳王: 陳涉)은 도가 흥해지고 선비와 유생과 묵가와 백성들이 진나라를 받들 나라로 생각하지 않자 천하를 걱정하여 진나라에 반기를 들었습니다.

　도리道理가 막혀 행行함을 얻지 못한 것은 공자로부터 시작되어 진나라로 이어졌으나 거듭 금지시켰습니다. 그러므로 진왕이 일어난 것입니다.

　공자께서 말씀하시기를, '만일 나를 등용하는 자가 있다면 나는 그를 동쪽의 주周나라로 만들 것이다.'라고 하셨습니다.

은나라의 탕왕과 주나라의 문왕과 무왕은 공로를 따라 백성들을
위해 잔악(殘惡: 악의 찌꺼기)을 없애고, 나라를 좀먹는 도적을 제거
하려 한 것이지 어찌 녹봉을 탐하고 지위만을 즐겼겠습니까?

 대부가 말했다.

문학의 언행에 비록 백이의 청렴함이 있다고 하나, 성인으로
추앙받는 노나라의 대부 유하혜柳下惠의 곧은 것에 이르지 못한다.

선비들은 이상만 높아 높이 쳐다보고 내려다보며, 하는 말은 고결
하나 행동은 더러우며, 술잔에 술을 따르고 제기祭器에 고기를 담아
물러나서 서로 사양하며 겸손을 떨지만, 자세히 보면 작은 것은 사양
하고 큰 것은 취해 조금 청렴하고 크게 취하는 것에 불과한 것이다.

선왕先王 무제武帝 때 조관趙綰이나 왕장王臧 등은 선비에서 발탁되
어 상경上卿의 벼슬이 되었는데 부정부패로 이익을 얻는 잔인한 마
음을 가졌으며, 주보언主父偃은 임금 앞에서 유세하고 말로써 대관大
官이 되었으나 권세로 훔치고 종실을 속여 제후들의 뇌물을 받아 마
침내는 모두 처형되어 죽었다.

선왕을 재미난 이야기로 사로잡은 동방삭東方朔은 스스로를 변론
가라고 일컫고 입으로 단단한 것을 녹이고 돌같이 견고한 논리로 풀
어 당세에는 짝을 할 자가 없었다.

그러나 그의 사사로운 행동을 살피면 괴팍하고 미친 지아비라도
차마 못 하는 일을 저질렀다. 하물며 동방삭의 그런 구변조차 없으
니, 나머지는 족히 들어 볼 것도 없을 것이다.

文學曰 문학이 말했다.

뜻이 좋은 자는 악한 것들을 잊어버리고, 작은 것을 조심하는 자는 큰 것을 이룹니다.

제사에서는 제기祭器의 진열을 보며 족히 예를 관찰하는 것이요, 여인들은 규문(閨門: 집안에 있는 여자들의 공간) 안에서 하는 행태를 보고 족히 행동을 논하는 것입니다.

그래서 옛날의 도를 공부하는 것은 잘못이라고 여기고 그것을 폐지하자고 나서는 어리석은 자는 적은 것입니다.

그러므로 군자는 성현들을 본받아 때가 된 연후에 말을 하고, 의義가 있은 연후에 취하고, 도道로써 얻지 아니하면 거처하지 않는 것입니다. 이 때문에 가득해도 넘치지 아니하고 태연해도 교만하지 않는 것입니다.

선대先代 경제(景帝: 한나라 4대 황제)와 친밀했던 원앙袁盎은 꼴을 먹이는 말이 네 마리에 불과했습니다. 공손홍(公孫弘: 무제 때의 재상)은 삼공三公의 지위에 나아갔으나 집은 수레 10대의 값어치에 불과했습니다. 동방삭은 무제께 언행을 설명했으나 교만하지 않고 넘치지 않았습니다. 주보언은 힘든 날을 오래도록 겪어야 했습니다. 그러나 주보언이 미워하는 것은 지위에 있는 자가 도道를 좋아하지 않고, 부유하고 권세 있는 관직에 앉아서도 가난한 선비와 백성을 구제할 줄 모르는 사람들이었습니다. 그리하여 쓰고 남도록 충분한 여유가 있는 자들의 것을 취하여 궁한 선비와 백성들의 급한 것을 구제하고, 사사로이 집안의 사업을 위하지 않았습니다.

당세는 온갖 부정부패와 비리로 혼탁합니다. 지금은 선비들이 조금 청렴함을 근심할게 아니라 지위에 있는 자가 호랑이나 올빼미처럼 나라와 백성의 것을 탐하는 것을 근심하고 걱정하며 바로 세워야 합니다.

⑳
국가를 융성, 안정시키기 위한 방법은?

 대부가 말했다.

옛날 은나라와 주나라는 정전법井田法*을 시행하여 백성들의 살림터를 나누어 장부丈夫는 논과 밭을 다스리고, 여자들은 삼과 모시를 길러 빈터가 없었으며 노는 사람들이 없었다.

상인들이나 공인들이 아니라면 이익을 얻어 생활하기 힘들었고, 부지런한 농부가 아니면 수확만으로 생활하지 못했고, 정사를 집행하는 것이 아니라면 관직의 작위를 얻어 생활하지 못했다.

지금의 유생들은 증명되지 않는 옛 글에 심취하여 헛된 날을 보내고 있는데, 나라의 다스림에 전혀 보탬이 되지 않는다. 이리저리 돌

---

* 정전법: 사방 1리의 전답을 아홉 등분으로 나누어서 9백묘로 만들어 한 가구당 1백묘를 할당받고 여덟 가구가 공동으로 중앙의 1백묘를 경작하여 그것을 세금으로 바치는 제도로 은殷나라와 주周나라에서 시행하던 법제.

아다니며 놀면서 밭도 갈지 않고 밥을 먹고 길쌈을 하지 않고 옷을 입으며, 선량한 백성들을 교묘하게 속여 농사의 시기를 빼앗기도 하고 정치를 방해하는데, 이것이 또한 당세의 근심거리인 것이다.

文學曰 문학이 말했다.

우임금이 홍수를 근심하고 자신이 몸소 수고를 다해, 연못으로 다니고 들에서 잠자며 자기 집앞을 지나가면서도 집에 들어가지 않았습니다. 이때에 상투에 꽂는 비녀가 떨어져도 줍지 못하고 의관이 걸려 있는 것도 돌아보지 못했는데, 어느 겨를에 밭을 갈겠습니까?

공자께서 말씀하시기를, '시인詩人이 괴로워하면 침묵하지 못하고, 구(丘: 孔子)가 괴로워하면 숨기지 못한다.'라고 하셨습니다.

이 때문에 공자께서는 동서남북으로 70여 차례나 유세를 하고 등용되지 않은 연후에 물러나 왕도王道를 닦고, 『춘추』를 저술하여 만세 후까지 전해 천하가 중용中庸에 알맞게 했습니다.

어찌 백성들과 더불어 밭을 갈고 길쌈하는 것을 함께할 시간과 여력이 있겠습니까!

전傳에 이르기를, '군자가 당시에 활동하지 않았다면 백성들은 본보기로 관찰할 것이 없었다.'라고 했습니다.

그러므로 군자가 아니면 소인을 다스리지 못했고, 소인이 아니었으면 군자를 봉양하는 것이 없게 되어 밭을 갈고 길쌈을 하는 필부匹夫나 필부匹婦를 위하지 못했을 것입니다.

군자가 밭만을 갈고 배우지 않는다면 곧 세상이 어지러워지는 도리인 것입니다.

大夫曰 대부가 말했다.

　문학들은 다스림을 말하면 당唐의 요임금이나 우虞의 순임금만을 숭상하고, 의義를 말하면 가을 하늘만을 높이 여겨서 겉만 번드레한 말을 할 뿐 그 진실을 보이지 못한다.

　옛날 노魯나라의 목공穆公 때에는 공의자公儀子가 재상이 되고 자사子思와 자유子柳가 경卿이 되었다. 그러나 북쪽으로는 제나라에 땅을 빼앗겨 사수泗水를 경계로 삼았고, 남쪽으로는 초나라 사람들을 두려워했으며, 서쪽으로는 진秦나라에 배척당했다.

　맹자가 양梁나라에 있을 때는 전쟁을 했지만 제나라에 패배하여 상장군이 전사하고 태자는 포로가 되었으며, 서쪽으로는 진秦나라에 패배하여 땅을 빼앗겨 하수河水의 안이나 하수의 밖이 없어졌다.

　공자의 문하 70여 명의 제자들은 부모를 떠나 집을 버리고 등에 짐을 지고 중니仲尼를 따르며 농사를 짓지 않고 학문만을 해 어지러움이 더욱 증가했다.

　그러므로 옥玉 가루가 상자에 가득해도 보배를 두었다고 하지 않고, 시詩와 서書를 상자 속에 넣어 짊어지고 다녀도 도道가 있다고 하지 않는 것이다.

　중요한 것은 국가를 안정시키고 백성들을 이롭게 하는 데 있지 번거로운 수식이나 많은 말에 있지 않다.

문학이 말했다.

춘추시대 우나라는 대부 백리해百里奚의 바른 계책을 사용하지 않아 멸망했고, 진秦나라의 목공은 백리해를 등용해 제후의 패자가 되었습니다.

어진 이를 등용하지 아니하면 망하는데 선비들을 멸시한다면 어디서 어진 인재를 어찌 얻을 수 있겠습니까?

맹자가 양나라로 갔을 때는 혜왕이 이로운 것을 물어 인의로써 대답했을 뿐입니다.

나아가는 것과 머무르는 것이 합하지 않아 이 때문에 등용되지 못하고 떠나갔으며, 보배를 가슴속에 품고도 말을 하지 않았습니다.

곡식을 두고도 먹지 않아 굶주림을 벗어나지 못한 격이니, 혜왕은 맹자를 보고도 등용하지 않아 어려운 가운데서도 도움을 받을 수 없었습니다.

상나라 주왕紂王에게는 안으로는 미자微子와 기자箕子와 같은 어진 두 사람이 있었고, 밖으로는 교격膠鬲과 극자棘子 두 사람의 현인賢人이 있었습니다. 그런데도 나라를 능히 보존되지 못했습니다.

바른 말이 사용되지 못하고 임금에게 간하는 것을 듣지 아니하면 비록 현명한 이가 있더라도 어찌 다스림에 보탬을 얻겠습니까?

 대부가 말했다.

귤과 유자는 강수江水의 남쪽에서 생산되는데 백성들이 모두 입에서 달게 여기는 것은 맛이 동일하다는 것이다.

사람들이 좋아하는 음악은 정鄭나라와 위衛나라에서 나오는데 사람들이 모두 귀에서 즐거워하는 것은 소리가 동일하다는 것이다.

월越나라 사람 자장子臧이나 융戎나라 사람 유여由余는 중원의 말을 이해하지 못하고 통역을 통해 말을 했어도 함께 제나라나 진秦나라에서 입신양명한 것은 세상 사람의 마음은 선과 악이 동일하다는 것이다.

그러므로 증자曾子가 산에서 탄식하자 산새들이 날아 내려오고, 춘추시대 진晉나라의 사광師曠이 거문고를 연주하자 모든 짐승이 춤을 추었다.

선한 것에 합하지 않고, 진실한 데 응하지 않는 것은 없었다.

그렇다면 그대들은 진실하지 못한 것이다. 어찌 말에 행동이 따르지 않고, 행동은 말에 합하지 않는 것인가?

 문학이 말했다.

의사인 편작은 치료하는데 침으로 병을 고쳤고 약으로 환자를 치료하지 않았다 합니다.

현인이나 성인은 도道로써 바르게 하지만 바른 말을 받아들이지 않고 다투는 군주는 어찌 하지 못합니다.

그러므로 하나라의 폭군 걸왕桀王에게 충신 관용봉關龍逢이 있었으나 하나라는 멸망했고, 폭군 주왕紂王에게는 세 사람의 어진 이*가 있었으나 상商나라는 멸망했습니다.

이 때문에 공자께서는 동쪽이나 서쪽에서도 어진 군주를 만난 바

---

* 은殷나라 말기의 미자微子, 기자箕子, 비간比干을 뜻한다.

가 없었고, 초楚나라의 대부 굴원屈原은 초나라에서 쫓겨났습니다.

그러므로 『논어』에 이르기를, '도道를 곧게 지키면서 사람을 섬긴 다면 어디에서인들 세 번쯤은 쫓겨나지 않겠으며, 도를 굽혀가면서 사람을 섬긴다면 어찌 부모의 나라를 떠나 다른 나라로 갈 필요가 있겠습니까?'라고 했습니다.

이것이 성인이 말한 바로써 따르는 것을 보지 못하는 것이요, 행 동해도 도와 합함을 얻지 못하는 것들입니다.

大夫曰 대부가 말했다.

노래는 좋은 소리로만 정해지는 것이 아니고, 노래의 귀한 것 은 음절에 잘 맞게 하는 데 있다.

논의論議는 미사여구로만 정해지는 것이 아니고, 논의의 사명은 일의 진실을 밝히는 데 있다.

좋은 소리라도 전환시키는 법을 알지 못하면 노래를 잘한다고 말 하지 않는다. 좋은 말이라도 변화할 줄을 알지 못하면 말을 잘한다 고 하지 않는다.

목수는 망치와 장부만을 가지고 곱자를 사용하지 않고, 기준기를 가지고 먹줄을 사용하지 않으면 하나의 구멍을 뚫는 이치만을 깨우 칠 뿐이다.

저울추와 저울대의 눈금을 알지 못하면 사람들은 믿지 않게 되는 것이다.

이것은 마치 매미가 자기의 많은 눈으로도 나무 밖을 알지 못하고 울어대는 것과 같다.

선비가 오로지 고문古文에만 의지해, 밖을 보지 못하는 매미처럼 울며 현실을 논하는 것과 같으니, 마치 북신北辰과 삼성參星이 어그러지고, 아교로 기러기의 발을 붙여 놓고 거문고를 타는 것과 같아서 진실로 합하기가 어려운 것이다.

이것이 공자가 세상에 등용되지 못하고, 맹자가 제후들에게 천대를 당한 이유다.

 문학이 말했다.

해와 달의 광채를 맹인은 보지 못하고, 천둥소리와 번개 치는 소리를 귀머거리는 듣지 못합니다.

음악을 알지 못한다고 하면서 음악에 대해 말하는 것은 마치 벙어리와 귀머거리에게 말하는 것으로, 어찌 매미가 많은 눈을 알지 못하는 것과 같겠습니까.

은나라 이윤伊尹의 지혜나 주나라 태공太公의 현명함으로도 걸桀이나 주紂를 말로써 깨우치지 못한 것은 말하는 자가 잘못해서가 아니라 듣는 자의 허물인 것입니다.

이 때문에 형荊나라의 변화卞和가 박옥璞玉을 껴안고 눈물을 흘리며* 말하기를, '어떻게 좋은 공인을 만날 것인가!'라고 했습니다.

또한 초나라 굴원은 연못가를 서성이며 이르기를, '어떻게 고요

---

* 변화가 박옥을 얻어 초나라 왕에게 바쳤는데 감정하는 사람이 돌이라고 하자 변화를 미치광이로 여겨 그의 오른쪽 발뒤꿈치를 자르는 형벌을 당한 것.

(皋陶: 순임금 시대의 옥을 담당한 바른 관리)를 만나서 조사받을 것인가!'라고 했습니다.

군주는 어진 이를 구해 자신을 보필하게 하고, 능력 있는 이를 임명해 국가를 다스리고자 합니다.

그러나 군주는 근거 없는 유언비어에 이끌리고 인연 없는 사람들의 아첨에 현혹됩니다. 이 때문에 현명하고 어진 이들이 버려지고 아첨하는 자들이 권력을 잡아 국가는 망하고 어진 선비들은 굴 속에서 굶주리게 되는 것입니다.

옛날에 진秦나라의 간신 조고趙高는 남보다 뛰어난 뜻이 없었는데도 모든 사람의 위에 있었습니다. 재앙의 으뜸이 되어 이 때문에 진나라는 망했습니다. 거문고를 잃어버렸는데 어떻게 아교로 기러기발을 붙일 수 있겠습니까.

大夫曰 대부가 말했다.
이른바 문학文學에서 최고의 성적을 받은 자는, 그 지략은 능히 나라의 사업을 밝히고 자질은 도를 따라 행해서 국태민안國泰民安을 이룰 인재인 것이다.

그러므로 그런 선비는 머물면 남의 스승이 되고 등용되면 세상의 법도가 되는 것이다.

지금 문학 자네는 다스림을 말할 때 요임금이나 순임금을 일컫고, 도를 행하는 것은 공자와 묵가를 말하지만, 정사를 처리하는 데 있어서는 통달해 보이지 않는다.

현실을 알지 못하고 옛날의 도만을 생각하고, 행하지 않으며, 말은 곧으나 행동은 바르지 못하며, 도는 옳아도 사람살이의 정은 알지 못한다.

의관衣冠은 시골구석 선비와 다르게 하면서도 실상은 보통 사람들과 다른 것이 없다.

중앙 직속의 관리들은 때를 만나 천자의 은혜를 입고 관료의 인원수를 채우는 것에 적당할 뿐이다.

밝게 추천된 이들이 아니어서, 그들과 함께 진심으로 다스림을 논할 자격이 없는 것이다.

 문학이 말했다.

하늘은 해와 달과 별의 세 가지 광채를 천지에 베풀어 밝음을 내리고, 천자께서는 공경公卿을 세워서 나라를 밝게 다스리게 하셨습니다.

그러므로 공경이란 온 나라의 본보기입니다. 위로는 명철한 군주의 임무를 보좌하고, 아래로는 천자의 은혜로 백성을 보살펴 근본을 성취시켜야 합니다.

음과 양의 조화와 사계절의 모든 절기를 알아 백성들을 편안하게 하고, 모든 생명체를 육성해 백성들로 하여금 화목하게 하고, 사방의 오랑캐를 덕으로 다스려 반역하는 근심이 없게 해야 합니다.

이것이 공경의 직분이며, 현명한 자가 힘쓰는 바입니다.

이는 은나라 이윤伊尹이나 주나라의 주공周公과 소공召公 세 사람의 재주나 주나라 태전太顚이나 굉요閎夭처럼 공경公卿이 현명해야 하는 이유입니다.

문학의 대답을 들은 대부가 얼굴을 붉히며 응대하지 않았다.

 그런 대부를 보며 문학이 말했다.

조정에 충신이 없는 것은 정사가 어두운 것이고, 대부에게 곧은 선비가 없게 되면 자리가 위태한 것입니다.

전국시대에 위魏나라의 임좌任座는 군주의 과실을 바른 말로 직언하였고, 문후文侯는 언행을 고쳐 현명한 군주가 되었습니다.

선대 경제景帝의 신하 원앙袁盎은 공신功臣 강후(絳侯: 주발)의 면전에서 교만함과 자부심 많은 것을 꾸짖어 마침내 강후가 성격을 고치는 경사로움을 얻었습니다.

그러므로 죽음을 범하면서까지 군주의 과실을 간섭한 자는 충신이고, 안색을 범하여 공경의 실수를 바로잡은 자는 직언하는 선비입니다.

관리들이 농업과 상업과 공업을 방해해 시정市政의 이익이 백성들에게 돌아가지 않고 관리들의 뱃속으로 들어간다면 백성들은 만족하지 못하고 민심은 나라 밖으로 떠납니다.

민심이 떠난 제왕의 도道는 추락되어 닦아지지 않습니다.

『시경』에 이르기를, '많은 어진 선비들이여.'라고 했습니다.

도道에 합하는 뜻있는 자를 등용하여 계획을 맡긴다면 진실로 헛된 말을 하지 않을 것입니다.

21
학문은 세상을 위하는 것에
그 쓰임이 있다

 대부가 말했다.

공자의 70명의 제자들은 몸소 성인의 도道를 받아 모두가 제후나 경卿이나 재상의 재목으로 쓸 수 있는 사람들이라고 했다.

정사에는 염유冉有와 계로季路이고, 말 잘하는 언변에는 재아宰我와 자공子貢이라고 했다.

재아는 등용되어 제나라에서 총애를 받았지만, 제나라 대부 전상田常의 어지러운 계책을 막지 못해 도를 행하지 못했고 자신의 정원에서 죽었으며, 제나라의 군주 간공簡公은 단대檀臺에서 살해되었다.

자로子路는 위衛나라에서 벼슬했는데 공리孔悝가 난을 일으켰을 때 군주가 망명하는 것을 구하지 못하고 자신은 죽임을 당해 토막 나서 젓에 담가졌다. 자공과 자고子羔는 피해 달아나 죽임을 당하지는 않았다.

나라의 많은 녹봉을 먹으면서 능히 밥값을 하지 못하고 높은 관직에 있으면서 능히 나라를 보존시키지 못했다. 어찌 자신에게만 두텁게 하고 군주에게는 박하게 했는가?

그들이 의리義理를 알고 군주와 신하의 예를 밝혔다고 여기겠는가?

스승인 공자에게서 함께 공부했으나 어떤 이는 죽고 어떤 이는 도망했다. 이처럼 그 제자들은 길이 모두 달랐다. 왜 그들의 도가 어그러졌는가?

 문학이 말했다.

춘추시대 송宋나라의 상공殤公은 공보(孔父: 공자의 6대조)가 현명한 것을 알고도 일찍부터 등용하지 않았으므로 자신이 죽었습니다.

춘추시대 노나라의 장공莊公은 계유(季有: 季友)가 현명하다는 것을 알고도 정사를 늦게 맡겨 국가가 어지러워졌습니다.

위나라의 군주는 아첨하는 이를 가까이하고 어진 이를 멀리했으며, 제나라의 간공은 재아의 말을 듣지 않고 그의 계책까지 누설하였습니다.

이 때문에 두 군주는 자신들이 죽임을 당하게 되었으며, 재앙이 충신에게까지 미쳤습니다.

생각이 다르면 계책을 함께 할 수 없습니다. 그러므로 죽을 수도 있고 살 수도 있는 상황에서 떠나고 머무르는 것은 그 의의義意가 한결같아야 합니다.

춘추시대 제나라의 안영晏嬰은 최저崔杼나 경보慶父의 난에 죽지 않았으나 불의라고 하지 않았으며, 은나라의 미자微子는 난을 피하여 떠났는데도 불인不仁하다고 하지 않는 것입니다.

 대부가 말했다.

지극히 귀하고 아름다운 흰 박옥은, 그 자체에는 어떤 물건으로도 장식하지 않는 것이 상식이다.

지극히 진실되고 인의仁義로 쓰여진 글에는 거짓된 문채로 더하지 않는 것이다.

그러므로 귀한 옥은 갈지 않고 아름다운 구슬은 꾸미지 않는 것이다. 억지로 꾸미는 것을 비유하자면 썩은 나무에 조각을 하고, 납으로 만든 칼을 갈고, 흙으로 만든 인형을 꾸미는 것과 같은 것이다.

아무리 다섯 가지 색의 옷을 입고 화려하게 꾸며도 길바닥에 괸물이나 흐르는 물을 만나면 엉망으로 적셔지는 것이다.

선비들이 거듭 옛날의 도를 생각하고, 시와 서書를 베개 삼아 잠을 자도 위태한 것을 능히 편안하게 하지 못하고 어지러운 것을 능히 다스리지 못한다.

말 달리는 역참 마을에서 닭을 기르면 말굽을 피해 이리저리 도망다녀 닭도 제대로 자라지 못하는 것이다.

 문학이 말했다.

학문을 하지 않으면 몸을 다스리지 못하고, 예가 아니면 덕을 보충하지 못하는 것입니다.

변화가 소유한 박옥璞玉은 천하의 아름다운 보배이지만 옥을 잘

가는 공인을 기다린 뒤에야 가치가 밝혀진 것입니다.

천하의 미인도 향수와 연지와 분으로 용모를 갖추는 것입니다.

주공周公은 천하의 지극한 성인인데도 어진 스승에게 학문을 닦아 세월을 기다린 뒤에 달통했습니다.

지금 출세해 세상을 다스리려는 욕심만 있고 공부가 적은 보통의 선비들은 학문을 좋아하지 않고, 오로지 자신의 어리석음으로 신하의 임무를 짊어지려고 합니다. 그것은 마치 노나 배 없이 강이나 바다를 건너는 것과 같은 것입니다. 거센 바람을 만나면 깊은 물속을 떴다 가라앉았다 반복하며 끝이 없는 동쪽까지 흘러가는 것과 같은데, 어떻게 저지하고 멈추어 편안한 것을 얻겠습니까?

大夫曰 대부가 말했다.

사람의 성품에는 굳센 것과 부드러운 것이 있고, 용모에는 아름다운 것과 추악한 것이 있는데 성인이라도 능히 이를 인연해 고치지 못한다.

공자는 밖으로는 제자들의 복장을 변화시켰으나 그들의 마음을 고치지는 못했다.

그래서 칼 잘 쓰는 자로는 높은 관을 벗고 긴 칼을 풀고 공자의 문하에 들고자 절개를 굽혔으나, 스승과 벗에게 옷의 앞자락을 걷어 올리며 혈기를 부려 촌스런 소인의 마음이 존재했다.

재여는 부모의 3년 상 중에 낮잠을 자고, 공자에게 3년 상을 줄이는 것이 어떻겠느냐고 했다.

공자가 말하기를, '썩은 흙으로 담을 치면 흙손질을 하지 못한다.'

라고 했다. 또 '자로는 자연스런 죽음을 얻지 못할 것 같다.'라고도
했다.

그러므로 안으로 진실이 없는데 밖으로 공자의 학문을 배우면, 비
록 어진 스승이나 좋은 벗이 있을지라도 마치 기름에 그림을 그리고
얼음에 조각을 하는 것과 같이 시간만 허비하고 공로는 없을 것이다.

그러므로 어진 스승이라도 보통사람을 서시西施와 같은 미인으로
꾸미지 못하고, 향기로운 기름으로도 못 생긴 여인을 변화시키지 못
하는 것이다.

文學曰 문학이 말했다.

천하의 서시라도 더러운 물을 몸에 뒤집어쓰면 시골의 지아비
들도 코를 막고 곁에 두지 않을 것입니다. 못생긴 사람이라도 훌륭하
게 옷을 차려 입으면 하늘에 올리는 제사를 주관할 수도 있습니다.

사람이 공부해 성인의 문하를 통과하지 못하면 어리석고 궁색한
지아비가 되는 것을 면치 못하는데, 어찌 경卿이나 대부大夫의 명예
를 얻겠습니까?

그러므로 숫돌은 칼을 가는 데 필요한 것이요, 학문은 세상을 위
해 그의 재주를 다하게 하는 것입니다.

공자께서 말씀하시기를, '모난 술잔에 모난 것이 없으니 모난 술잔
이라고 하겠는가? 모난 술잔이라고 하겠는가?'라고 하셨습니다.

그러므로 인재를 잘 등용하여 인사人事가 천하에 더해지면 종묘宗
廟의 기물器物이 되고 그렇지 않으면 밥 짓는 땔감이 되는 것입니다.

간干이나 월越나라의 쇠라도 갈지 않으면 필부조차 천하게 여기지

만, 공인이 검으로 두드려 꾸미면 군주가 옆에 차고 조정에서 조회를 하는 것입니다.

못생긴 자는 스스로 아름다워지려고 합니다. 그러므로 꾸미는 것이며, 어리석은 자는 스스로 안다고 여기므로 배우지 않는 것입니다.

웃음거리가 되는 것은 자신에게 있는데 스스로 알지 못하며, 남을 등용하는 것을 좋아하지 않는 것은 오만하여 스스로가 옳다고 여기는 과오입니다.

군주의 측근이 바르지 못하면
간사한 것들이 일어난다

 대부가 말했다.

강한 것은 꺾이고 유약한 것은 말린다.

그러므로 칼을 잘 쓰는 자로子路는 힘이 세서 죽임을 당했고, 재아宰我는 유약해서 죽게 되었다.

자로와 재아가 배우지 않았다면 그렇게 비참한 죽음을 당하지 않았을 것이다.

어째서인가? 자신을 자랑하고 능력을 과시하고, 작은 지혜로 크게 거두어지고, 남에게 자신을 따르라 하고 자신은 남을 억지로 따르며, 보는 사람이 없는데도 스스로를 드러내고 원하는 사람이 없는데도 스스로 귀한 척을 했다.

이것이 재아가 자신을 죽게 하고 자로가 소금에 절여져 젓으로 담가진 이유인 것이다.

세상은 그들이 종묘의 보배로운 그릇이 되는 것을 보지 못했고, 그들이 세상에서 죽임을 당하는 것만을 보았다.

이때를 당해 동쪽 바다, 끝이 없는 곳으로 흘러가는 것이 무엇이 편안했겠는가?

문학이 말했다.

기기騏驥라는 천리마가 소금 수레를 끌며 살다 어느 날 태항산太行山 고개에서 쓰러져 머리를 늘어뜨리고 울부짖으면 백정은 칼을 잡고 그 모습을 봅니다.

강태공이 곤궁하여 조가朝歌 땅에서 물품을 등에 지고 다닐 때는 봉두난발한 비천한 사람들도 비웃었습니다.

이때에 멀리 내다보고 일할 인재들이 없지 않았으나 주나라의 문왕이나 백락伯樂이 아니라면 강태공이나 천리마의 가치를 알지 못할 것입니다.

자로나 재아는, 태어나면서부터 천리마를 알아보는 백락伯樂 같은 사람의 추천을 만나지 못했고, 미친 도살자를 군주로 만났습니다. 그러므로 군자가 슬퍼하는 것입니다.

이는 공자께서 말씀하신, '자로는 자연스런 죽음을 얻지 못할 것 같다.', '하늘이 나를 단절시키는구나!'와 같습니다.

송나라의 공보孔父가 화독華督에게 죽임을 당하고 아내까지 빼앗긴 연유로 난이 일어났지만 공보를 불의不義하다고 하지 않았습니다.

또한 송나라의 구목仇牧이 송만宋萬이 일으킨 반란으로 재앙에 빠져 숙은 것을 어질지 않았다고 하지 않습니다.

대부가 말했다.

지금의 학자들은 강태공과 같은 능력도 없고, 천리마인 기기騏驥와 같은 재주도 없으면서 벌이나 전갈의 독으로써 스스로를 해치고 있다.

백성들 사이에 명성은 있으나 실질적으로 공로가 없는 자들로는 동해군東海郡의 성옹成顒이나 하동군河東郡의 호건胡建 등이 있다.

성옹이나 호건 등은 사업으로 낮은 직급의 졸오卒伍에서 일어나 현령縣令이 되었다.

잘못된 것들을 스스로 옳다고 여겨 함께 하지 않았다. 이끌어도 오지 않았고 밀어 주어도 가지 않았다. 뜻이 너무 커서 공손하지도 않았다. 예의 없이 공주를 박절하게 짓밟고 대신들을 능멸했다.

그 불가한 것을 알고도 억지로 행해 백성들에게서 명성을 구하고자 했다. 불법인 것들로 말미암아 그들 자신을 죽게 한 것이다.

큰 공로도 이루지 못했고, 죄인을 처벌하는 동관東觀의 재앙만을 보았으며, 몸에는 무거운 죄를 얻어 타고난 수명을 살지 못했다.

교활한 것을 지혜롭다고 여겼고, 남의 나쁜 것들을 들추어내는 것을 정직한 것으로 여겼으며, 불손한 것을 용감하다고 여겼다.

그들이 어려움을 만난 것은 진실로 마땅한 것이었다.

문학이 말했다.

성옹과 호건 두 사람은 깨끗한 마음을 가지고 정성스럽고 바른 도를 행해 자신을 바르게 하고 위를 섬겼습니다.

힘을 다해 공정한 것을 따랐으며, 법을 받들고 이치를 추구하며 생각하고 생각해서 강하고 사나운 자들을 피하지 않았고, 악한 자들과 교류하지 않았고 친한 바에 의지하지 않았습니다.

아내와 자식의 부양을 귀하게 여기지 않았고, 사사로운 집안의 사업을 돌아보지 않았습니다.

그러나 마침내는 질투하는 사람들에게서 벗어나지 못하고 여러 사람의 잘못된 것들을 떠안고 배척당했습니다.

두 사람은 알 수 없는 죄로 연루되어 형벌을 당하며 전날의 공로를 가지고 탕감 받지 못했습니다.

높고 귀한 공족公族들이 바르지 못하면 법령이 시행되지 못하고, 군주의 측근이 바르지 못하면 간사한 것들이 일어나는 것입니다.

전국시대 때 조사趙奢는 왕족 평원군平原君 집안의 세금을 내지 않게 하려는 관리들을 처형하면서까지 엄격하게 징수했고, 범저范雎는 진秦나라 양후穰侯를 재상 자리에서 쫓아내고 권력을 인수해 두 나라를 다스려 두 집안도 온전하게 되었습니다.

그러므로 신하는 군주의 과실을 바로잡아야 하고, 위에서 잘못하면 아래에서는 비난한다는 것을 알아야 합니다. 대신들이 바르게 하면 현령인들 어찌 하겠습니까?

자기 자신을 반성하지 않고 남을 비난하는 것은 정권을 잡은 이들의 크나큰 실수인 것입니다.

초나라의 굴원屈原이 멱라수에 투신한 것은 대부인 자초子椒에게 억울하게 참소를 당했기 때문입니다.

관자(管子: 관중)가 그 도를 행할 수 있게 된 것은 친구인 포숙아鮑叔牙*의 힘이었습니다. 지금 도道가 펼쳐지게 한 포숙아의 힘을 보지 못하고, 억울하게 멱라수汨羅水에 빠져 죽는 재앙을 당했으니, 비록 하늘이 준 수명을 다하고자 해도 그러지 못할 것입니다.

소인이 득세하면 나라가 망한다

 대부가 말했다.

"어사御史!"

어사가 응답이 없자, 이에 승상사丞相史에게 일러 말했다.

승상사, 문학이 어릴 때 머리를 묶어 올리고부터 말을 배워, 진실되지 않는 말을 하면서도 이치로 순환하는 듯하고, 말을 바꾸는 것은 맷돌을 돌리듯이 한다.

말이 번드레하기는 봄꽃과 같으나 바람이 새어나가듯이 뜻은 없다. 빈말만을 꾸며서 진실을 어지럽히고 옛 것을 말해 지금 현실을 해치는 것이다.

그들의 말을 따라 소금과 쇠와 술의 전매를 폐지한다면 천자의 창고는 텅 비게 될 것이고, 헛된 말들은 진실이 아닌데도 행해질 것이다.

그들은 자신들의 헛된 말을 따르지 않는다면 우리들이 그르다고 여겨 세상의 뭇 입이 시끌벅적할 것이고 나라에 떠도는 거짓말로 귀가 따가울 것이다.

여러 경들은 승상부에서 오랫동안 재직하고 있어서, 옛날의 일에도 통달했고 지금의 세상일에도 밝다 할 것이다. 지금 장차 나라가 어디로 가야 하는지 말해 보라!

丞相史 승상사가 앞으로 나아가 말했다.

춘추시대 진晉나라의 문공文公은 속임수를 쓰며 바르지 못했고, 제나라의 환공桓公은 바르게 하며 속임수를 쓰지 않았습니다.

두 사람은 처세하는 바가 동일하지 않았으나 모두 패자霸者가 되었습니다.

문공과 환공은 옛 것을 따르고 답습하면서 고치지 않았습니다.

이처럼 옛 글과 바탕이 변하지 않고, 옛날의 질박한 법法이 오히려 보존되어 왔습니다.

공자께서는 3명의 군주와 문답할 때 말해주는 내용이 달랐으며,* 제나라의 안영(晏嬰: 晏子)은 3명의 군주를 모시며 재상이 되어 상황에 맞추어 도를 다르게 했는데** 구차하게 서로 반대되게 한 것이 아

---

* 공자가 세 사람의 군주를 대할 때 대답한 말이 각각 달랐다. 곧 섭공葉公과 애공哀公과 경공景公이 정사에 관해 묻자 섭공에게는 "가까운 곳을 기쁘게 하면 먼 곳이 온다."고 했고, 노나라 애공에게는 "정치는 어진 이를 선발하는 데 있다."라고 했고, 제나라 경공에게는 "정치는 재물을 절약하는 데 있다."라고 한 것을 말한다.

** 제나라의 안영晏嬰이 3명의 군주를 섬겨 재상이 되었는데 섬기는 도를 각

니라 힘쓰는 바의 시기를 달리했을 뿐입니다.

공경公卿들께서 이미 대업大業의 길을 확정하고 고갈되지 않는 근본을 세웠으니 원컨대 작은 일을 돌아보는 유생이나 묵가들의 의논에 끌려가지 않기를 바랄 뿐입니다.

文學曰 문학이 말했다.

춘추시대 때 음악의 대가인 진晉나라의 사광師曠은 다섯 음절을 조화시켰으나 궁음宮音과 상음商音을 잃지 않았습니다. 그러나 음악을 개혁했다는 명성은 있었지만, 도에 합해 변화시켰다는 실상은 없었습니다.

위로는 황제(黃帝: 헌원씨)임금으로부터 아래로는 삼왕三王*에 이르기까지 덕으로 가르침을 밝히고 교육 체계를 신중하게 해 인의仁義를 높이고 백성들을 교화시키는 것을 멈추지 않았습니다. 이것이 수백 대 동안을 바뀌지 않았고 바꾸어서도 아니 되는 도입니다.

은나라와 주나라는 옛것을 따라서 번창했고, 진秦나라의 왕들은 법을 변화시켜 망했습니다.

『시경』 대아 탕편에 이르기를, '비록 늙은 훌륭한 신하가 없다지만 오히려 옛 법도가 있다네.'라고 이른 것은 제대로 옛것을 교육시키

각 다르게 했다. 제나라 영공靈公은 정결하지 못하므로 정돈되고 균일하게 섬겼다. 장공莊公은 씩씩했으므로 무용武勇을 선포하는 것으로 섬겼다. 경공景公은 사치했으므로 검소함으로써 섬겼다.

* 삼왕三王: 하夏의 우왕禹王, 은殷의 탕왕湯王, 주周의 문왕文王과 무왕武王이다.

는 것을 말한 것입니다.

그러므로 도는 죽어도 존재하고, 일으켜 관통시키고, 관통시켜 행하는데 무엇을 바꾼다고 하십니까?

丞相史 승상사가 말했다.

서시西施**의 아름다움을 말하는 것은 일반 여인들이 용모를 꾸미는 데 보탬이 되지 못하고, 요임금이나 순임금의 덕을 말하는 것은 다스림에 보탬이 되지 않는 것입니다.

지금 문학은 다스리는 방법은 말하지 않고 다스린 것에 공로가 없다는 것만을 말하고 있습니다. 이는 마치 농사짓는 방법을 말하지 않고 쌀 창고만을 좋다고 하는 것과 같은 것입니다. 곡식을 얻고자 하는 자는 제때에 농사에 힘써야 하고, 다스리고자 하는 자는 세상을 따라야 합니다.

보통사람들은 옛것을 편안하게 생각하고, 어리석은 자는 듣는 바를 의심 없이 과감하게 믿어 버립니다.

그러므로 새로 만든 배나 수레를 천하에 보급하기 전에 백성들로 하여금 3년 동안 써보게 한 뒤 편안하게 여기면 상용화하는 것입니다.

공자가 『논어』 자한편에서 말하기를, '가히 함께 배워도 가히 함께 일을 적절하게 할 수는 없다.'라고 했습니다.

** 서시西施: 춘추시대 월越나라의 미인. 월나라 구천이 오吳나라 왕 부차에게 서시를 바치니 부차가 서시에게 빠져서 구천에게 나라가 망했다.

문학은 관례를 따르는 일이나 시키면 될 뿐, 그밖의 것들은 함께 논하지 못합니다.

文學曰 문학이 말했다.
군자는 많이 듣고 의문이 있는 것은 버리고, 옛것을 기술할 뿐 새로운 것을 만들어내지 않으며, 성스럽게 통달하고 큰 것을 계획하며 슬기로운 지혜로 일을 적게 해야 하는 것입니다.

이 때문에 공로가 성취되면 추락하지 않고, 명예가 확립되면 무너지지 않는 것입니다.

그러나 소인들은 지혜가 얕은데 큰 것을 계획하고, 의리 없고 겁 많고 허약한데도 임무는 중합니다. 그러므로 일을 마무리하지 못하고 중간에서 무너지는 것입니다.

소진蘇秦이나 상앙商鞅이 그런 이들입니다. 그들은 선왕들의 법도가 없고, 성인의 도가 아닌 것으로 자신을 따르게 해 망했습니다.

『주역』에 이르기를, '소인이 성대한 자리에 처했으니 비록 지위가 높으나 반드시 무너질 것이다. 도가 가득하지 않고, 덕이 항상하지 않으면서 자신의 일을 잘 마친 자는 없다. 이 때문에 처음에는 하늘에 올랐으나 뒤에는 땅속으로 들어간다.'라고 했습니다.*

우임금이 홍수를 다스릴 때 백성들이 그 이로움을 알고 그의 공로를 찬양하지 않은 이가 없었습니다.

상앙이 법을 만들었을 때 백성들은 그 해로움을 알고 그 형벌을

---

* 현재의 『주역』에는 이런 문장이 없다.

두려워하지 않은 이가 없었습니다.

그러므로 우임금인 하후夏后씨는 공로를 세워서 왕이 되었고, 상앙은 법을 시행해서 망했습니다.

상앙이 홀로 지혜롭다는 자만심으로 혼자만 세상의 흐름을 보지 못했다는 증거입니다.

소신 문학은 지금 세상을 정확히 저울질하지 못하지만, 또한 과오를 일으켜 재앙을 무릅쓰게 하지는 않을 것입니다.

선비는 죽음을 두려워하지 않는다

승상사가 말했다.

『안자춘추』를 쓴 제나라의 안자晏子가 말하기를, '유자儒者들은 말이 화려하고 진실이 적으며, 음악은 번성하게 하고 백성들에게는 게을리 하며, 오랜 상례喪禮로 삶을 해치고 후하게 장사 지내 생업을 손상시키며, 예를 번거롭게 해 행하기는 어렵고 도는 멀어서 따르기가 어려우며, 지나간 것들만을 일컫고 현실을 헐뜯으며, 눈에 보이는 것들을 천하게 여기고 스승에게 듣는 것들만을 귀하게 여긴다.'라고 했습니다.

이러한 사람은 본래부터 마음이 굽어서 천하를 안중에 두지 않고 자신을 법으로 삼습니다.

이것이 무제武帝 때 안이顔異가 처벌된 이유이며, 적산狄山이 흉노에서 죽게 된 까닭입니다.

그들은 조정을 보좌할 지위에 처해 그의 조정을 비난했고, 자신의 주인인 주상을 비방해 마침내 죽임을 당했는데, 이는 그들이 스스로 불러온 일이지 달리 누가 그에게 과오를 짐 지우고 그 재앙을 씌운 것이겠습니까?

文學曰 문학이 말했다.
예는 음란한 것을 방지하는 것이며, 음악(樂)은 풍속을 옮기는 일인데, 예가 일어나고 음악이 바르게 되면 죄를 지은 백성 스스로도 자신이 받은 형벌이 옳다고 말하게 되는 것입니다.

제방이 만들어지면 백성들은 수재를 입지 않게 되고, 예의가 성립되게 되면 백성들은 어지러운 근심이 없어지게 됩니다. 그러므로 예의가 무너지면 제방이 터진 것처럼 다스려지지 않는 것입니다.

공자께서 『논어』 팔일편에서 말씀하시기를, '예는 사치스럽게 하기보다는 검소해야 하는 것이며, 부모의 상을 당하면 형식적으로 치르기보다는 슬퍼해야 하는 마음을 다해야 한다.'라고 하셨습니다.

따라서 예를 일으키는 것은 삶을 해치고 나라의 사업을 손상시키는 것이 아니요, 엄숙하고 당당한 위의威儀로 적절하고 훌륭하게 교화해 세상을 어지럽히려는 풍속을 미리 다스리는 것입니다.

그러므로 국가를 다스리는 것은 예를 엄하게 하는 것이요, 국가를 위태하게 하는 것은 법을 엄하게 하는 것입니다.

옛날에 진秦나라가 무력으로써 천하를 삼키고 이사와 조고가 요망함으로써 재앙을 누적시켜, 옛 학술을 폐하고 오래된 예의를 무너뜨리고 오로지 형법에만 의지해 유자와 묵가들을 다 잃어버렸습니다.

선비들의 앞길을 막고 사람들의 입을 막아 길거리에서 아첨하는 무리들이 날마다 늘어나 나라는 그 과실을 듣지 못했습니다.

이것이 진나라가 천하를 잃고 사직이 무너지게 된 이유입니다.

그러므로 성인이 정치를 하면 반드시 가장 먼저 처벌하는 것은, 교묘한 말로 아첨하는 자들입니다. 그들은 군주의 눈을 가려 국가를 전복시키는 자들입니다.

지금의 그대들은 국가를 망하게 하는 어떤 말을 즐겨하고 있습니까?

지금 공경들은 높은 지위에 있으며 도를 바르게 하려고 노력하지 않고, 소인들의 천박한 것을 싫어한다면서도 아첨하는 말을 듣고 즐겁게 따르니 그 큰 과오를 어떻게 해결할 것입니까?

선비가 이치에 맞는 말을 하고 죽음을 당하고자 하는 것은, 차마 구차하게 나라를 망하게 하는 무리들과 합해 따르지 못하기 때문입니다.

이 때문에 선비는 포승줄에 묶여 가는 것을 면하지 못하는 것입니다. 슬플 뿐입니다.

丞相史 승상사가 말했다.

박달나무와 산뽕나무도 생산되는 고향이 있고, 물억새와 갈대들도 떨기져 있는데, 이것은 사물들도 서로 따르는 것을 말하는 것입니다.

공자가 말하기를, '덕은 외롭지 않다. 반드시 이웃이 있다.'라고 했습니다.

그러므로 탕왕이 일어나자 이윤이 함께해 불인仁한 자들은 자연히 멀어졌습니다.

현명한 군주가 위에 있으면 어지러운 신하는 아래에 있지 못하는 것입니다.

무제武帝께서 몸소 인성仁聖의 도를 행해 천하에 군림하시어 걸출한 인재를 오직 인仁으로 등용하시고, 난신亂臣들을 축출하고 처벌하는 데 친한 것을 따지지 않고 엄정하셨습니다.

문학 그대가 이르기를, '구차하게 합하는 무리'라고 말했는데, 이것은 군주를 비난하고 신하들은 아첨한다고 하는 것이니, 이것이 옳다고 하는 말인가?

文學曰 문학이 말했다.

고요(皐陶: 순임금 때 감옥을 관리하던 정직한 신하)가 순임금을 대면하고 말하기를, '사람을 아는 데 있어 오직 황제께서는 그것을 어렵게 여기십시오.'라고 했습니다.

요임금이 홍수의 재앙을 홀로 근심하고 우려해도 능히 다스리지 못했는데, 순舜과 우禹 두 사람을 얻고 구주(九州: 중국)가 편안해졌습니다.

그러므로 비록 요임금과 같은 명철한 군주가 있더라도 순이나 우처럼 보좌하는 자가 없으면 순일한 덕이 흘러넘치지 않는 것입니다.

『춘추』에서는 군주는 있어도 군주를 도울 신하가 없는 것을 비난했습니다.

선제(先帝: 武帝) 때에도 좋은 신하가 갖추어지지 못했습니다. 그러므로 사특한 신하들이 이간시킬 수 있었습니다.

요임금은 순과 우를 얻고도 일벌백계로 우의 아버지 곤鯀을 처형했고, 자기의 신하 환두驩兜*를 처벌해 나라의 사특한 것을 없앴습니다.

속담에 이르기를, '군자를 보지 못하면 거짓된 신하를 알지 못한다.'라고 했습니다. 『시경』 소아 출거의 시에 이르기를, '군자를 뵙지 못하고 시름만 충충하네. 이미 군자를 뵈니 내 시름 풀렸네.'라고 한 것은 이러한 것을 말한 것입니다.

丞相史 승상사가 말했다.

요임금이 순과 우를 얻고는 곤과 환두에게 그들의 죄를 물어 처형하고 추방해 천하를 모두 복종시키고 불인不仁한 자들을 처벌했습니다.

무제께서는 일반 백성이나 낮은 관리 중에서도 인재를 등용했습니다.

안이顔異는 제남濟南의 정장亭長이었습니다. 이에 선제先帝께서 등용해 높은 지위를 더해 관직이 상경上卿에 이르렀습니다.

적산狄山은 일반 백성 출신으로 한漢나라 조정의 신하가 되어 순舜이나 우禹가 처했던 지위에 올랐지만, 천하의 중도(中道: 곧 알맞은 도)를 가지고도 다스림에 능하지 못하면서 도리어 불경하게 앉아서 주상을 꾸짖었습니다. 그러므로 요임금이 환두를 처벌하는 것과 같

---

* 공공共工과 결탁하여 나쁜 짓을 했으므로 순임금이 그를 숭산崇山으로 내쫓았다.

182

이 적산은 죽음에 이른 것입니다.

어진 이는 상을 받고 불초한 자는 형벌을 받는 것이 진실로 그러한 것입니다. 문학들은 무엇이 괴이하다는 것입니까?

 문학이 말했다.

논論하는 지자知者들은 의義로써 서로 돕고, 도道로써 서로 깨우치며, 선善을 따르고 논쟁에서 승리하는 것을 구하지 않으며, 의義에 복종하고 논리가 궁색한 것을 부끄러워하지 않습니다.

서로 미혹된 논점은 거짓으로 여기고, 논의가 서로 어지러워진 것은 말로써 바로잡으며, 서로 끝까지 우겨서 구차하게 승리하는 것을 귀하게 여기지 않는 것입니다.

귀곡자鬼谷子의 화술話術을 익힌 소진蘇秦이나 장의張儀는 제후들을 현혹시켜 만승의 군주를 전복시키고, 마음이 허약한 사람들에게 변론해 그들이 믿던 바를 잃게 했습니다.

그러므로 세상의 도는 어지러워졌습니다.

비속하고 천박한 사람들은 군자가 자기들과 함께 군주를 섬기지 않는 것을 미워하고, 군자가 군주의 명령을 잘 따라 다스리면 군자가 성인의 경지에 올라 자신들이 설 곳이 없을까 미리 알아 근심하는 것입니다.

지금 그대들은 바른 의義를 가지지 않고, 경상卿相들을 보좌하고 따르고 순종하면서 순간적인 말만을 좋아하고 그 폐해는 계산하지 않습니다.

만약 현명한 군주가 다스리면 그대들은 마땅히 최고의 처벌을 받을 것이니, 잠시 침묵하십시오.

 승상사가 말했다.
대개 이렇다고 들었습니다.

선비가 세상에 살면서 의복은 몸을 가리면 족하고, 음식은 부모를 공양하면 족하고, 안에서는 서로 구휼하는 데 만족하고, 밖으로는 남에게 요구하지 않아야 한다고 했습니다.

그러므로 자신을 닦은 연후에 집안을 다스리고, 집안을 다스린 연후에 관직을 다스리는 것입니다.

관직에 오르지 못해 채소나 현미밥으로 부모를 공양하는 것은 효도라고 말할 수가 없고, 아내와 자식을 굶주리고 추위에 떨게 하는 것은 자애로운 아버지라고 말할 수 없습니다.

사업을 해보지 않은 자는 다스림을 말하지 못하는 것입니다.

이 세상에 살면서 이상의 세 가지에 허물이 있다면 이는 족히 침묵해야 하는 것입니다.

25
진정한 효는 재물이 아니라 예에 있다

 문학이 말했다.

부모 봉양을 잘하는 자는 음식을 반드시 쇠고기와 양고기로써 하는 것은 아니고, 의복을 잘 해드리는 것이 반드시 비단으로써 하는 것은 아닙니다.

자신이 가지고 있는 것으로써 그의 어버이를 섬기는 것이 지극한 효도입니다.

그러므로 한 지아비가 부지런히 일하며 족히 예를 좇아 생활한다면 콩을 먹고 물을 마시며 살아도 족하며 공경한 것을 이루는 것입니다.

공자께서 『논어』 위정편에 말씀하시기를, '지금의 효도라고 하는 것은 부모에게 음식을 잘 대접하는 것을 이른다. (개와 말도 잘 먹여 기르니) 공경하지 않는다면 어떻게 구별하겠느냐.'라고 하셨습니다.

그러므로 최고의 효도는 어버이의 뜻을 받드는 것이고, 그 다음은 안색을 살피는 것이고, 그 다음은 어버이의 신체가 기울지 않게 하는 것입니다.

효도하는 것에 있어 예를 귀하게 여기고 다른 사람의 봉양을 부러워하거나 탐하지 않고, 예를 따라 마음이 평화로우면 가난해서 봉양이 비록 미흡하다고 하더라도 족한 것입니다.

『주역』에 이르기를, '동쪽 이웃이 소를 잡는 것은 서쪽 이웃이 검소하게 제사를 지내는 것과 같지 않다.'라고 했습니다.

그러므로 부유하고 귀한 재물로 부모를 봉양해도 예의가 없는 것보다, 가난하고 천해도 부모에게 공손함으로 효도하는 것이 천리天理와 도道와 예禮에 합당한 것입니다.

가정 안에서도 효도를 다하고 가정 밖에서도 공손함을 다하고 벗과의 도에는 믿음을 다하는 이 세 가지가 효도의 지극한 것입니다.

집안을 잘 다스리는 제가齊家라고 하는 것은 재산을 쌓아 놓은 것을 이르는 것은 아닙니다.

어버이를 섬기며 효도하는 것은 어버이에게 좋은 반찬을 올리는 것을 이르는 것은 아닙니다. 부모님에게 안색을 온화하게 하고 뜻을 받들고 예의를 다할 따름인 것입니다.

 승상사가 말했다.

80세를 질耋이라고 하고, 70세를 모耄라고 합니다.

70세에는 식사 때에 고기를 먹지 않으면 배가 부르지 않고, 의복은 비단옷이 아니면 따뜻하지 않은 것입니다.

그러므로 효자孝子가 말하기를, 맛있고 연한 음식으로 입을 기르고 가볍고 따뜻한 옷으로 몸을 기른다고 했습니다.

증자(曾子: 공자의 제자)가 아버지 증석曾晳을 봉양할 때는 반드시 술과 고기가 있었습니다.

바른 예복과 머리에 쓰는 관이 없다면 비록 공자의 제자 공서적公西赤이라도 능히 꾸미지 못할 것입니다.

좋은 음식이 없었다면 비록 공자의 제자 민자건(閔子騫: 損)이나 증삼曾參이라도 봉양을 마치지 못했을 것입니다.

예는 헛되게 더하는 것이 없는 것입니다. 그러므로 반드시 그 실상이 있은 연후에 꾸며지는 것입니다.

예는 남음이 있고 봉양이 부족한 것보다 차라리 봉양에 여유가 있고 예가 부족해야 타당합니다.

술잔을 씻을 때는 가득 담긴 물로써 하고, 어버이에게 오르고 내릴 때마다 거친 식사를 올리는 것이 비록 예가 갖추어졌다고 하더라도, 그것을 귀하게 여기지는 않을 것입니다.

 문학이 말했다.

주나라 양왕襄王의 어머니는 늘 술과 고기가 떨어지지 않았고, 의복이 증자의 아버지 증석보다 훌륭했습니다.

그러나 양왕은 불효라는 이름으로 불리며 부모를 섬기는 데 능하지 못했습니다.

군자는 예를 중하게 여기고, 소인은 늘어나는 것만을 탐합니다.

거지도 혀를 차며 업신여기며 던져주면 기분 나빠 하며 동냥을 받지 않는 것입니다.

진실로 예가 없으면 비록 맛있는 것이라도 군자는 먹지 않습니다.

그러므로 예에는 주인이 친히 권하지 않으면 손님은 제사를 올린 뒤의 식사를 하지 않는 것입니다. 이것이 권하는 것은 가벼워도 예는 중하다는 것입니다.

 승상사가 말했다.

진정한 효도는 천하를 한 국가로써 봉양하는 것보다 큰 것이 없고, 다음은 녹봉으로 봉양하는 것이고, 노력으로 봉양하는 것이 제일 아래입니다.

그러므로 왕공王公이나 군주가 최상이고, 경대부卿大夫는 다음인 것입니다.

한 집안으로 말한다면 어진 아들이 세상의 중요한 위치에 있어야 어버이는 높은 당의 집을 짓고 편안한 수레에 큰 말을 타며, 가벼우면서도 따뜻한 옷을 입고 맛있고 연한 음식을 먹는 것입니다.

없는 사람은 허름한 옷에 거친 관을 쓰고, 궁하게 시골구석에 살면서 아침식사는 있어도 저녁식사는 없고, 거친 반찬과 거친 밥에 매운 것들을 먹으며 삽니다.

그들의 늙은 어버이의 뱃속은 큰 동산이 아닌데도 오직 채소만으로 가득 채웁니다.

거친 반찬과 거친 밥은 걸인들도 취하지 않는 것인데, 자식이 어버이를 봉양하면서 비록 예로써 하고자 하더라도 그것을 귀하게 여기지는 않을 것입니다.

文學曰 문학이 말했다.

능력이 없으면서 관리 자리를 훔치고, 공로가 없으면서 녹봉으로 비록 부유하고 귀함이 있더라도, 그것은 노나라의 도적 도척盜蹠이나 초나라의 도적 장교莊蹻와 다를 바가 없는 것입니다.

도둑질한 재물로 높은 누대를 짓고, 사방 열 자나 되는 큰 밥상을 부모에게 올려도 효도라 이르지 못할 것입니다.

늙은 어버이의 배는 도적질한 것을 담는 주머니가 아닌데 어찌 부도不道한 물건을 담겠습니까?

취하는 것이 직분에 맞지 아니하면 가지지 않아야 합니다.

재물이 들어오는 것은 근심이 따르는 것이며, 자신을 죽이는 재앙이 될 수 있습니다.

증삼이나 민자건은 경卿이나 재상의 봉양이 없었어도 효자라는 명성을 얻었습니다.

주나라의 양왕은 천하의 부유한 것을 다 가졌는데도, 능히 부모를 섬기지 못한 허물을 두었습니다.

그러므로 예를 박하게 하고 풍성하게 봉양하는 것은 효도가 아닌 것입니다. 나라와 백성들의 곳간을 약탈하여 부모를 봉양하는 것도 효도가 아닌 것입니다.

丞相史 승상사가 말했다.

최상의 효도는 어버이의 얼굴빛을 편안하게 봉양하는 것이요, 그 다음은 어버이를 두루 편안하게 하는 것이요, 그 다음은 신체를 온전하게 하는 것입니다.

지난날 진여(陳餘: 유방의 친구)는 한漢나라를 배반하고 지수泜水에서 참형되었습니다.

초나라 오피五被는 간사하게 반역(회남왕의 모반에 가담함)하여 삼족三族이 멸했습니다.

제나라 주보언主父偃은 법을 지키지 않아 처벌되었으며, 무제 때 재상 동중서의 제자 여보서呂步舒는 몸가짐을 삼가지 않고 입을 놀리다가 죽임을 당하고 죄 없는 어버이까지 죽임을 당했습니다.

이러한 것으로 살펴보면 헛된 예의는 자신에게 보탬이 되지 않는 것입니다.

글로 표현(文采)한 것이 진실로 행동에 짝하고, 예와 봉양을 함께 베풀어야 가히 효도라고 말할 수 있을 것입니다.

효도란 실질에 있지 모양을 꾸미는 데 있지 않는 것입니다.

자신을 온전히 하는 것도 삼가는 데 있고, 말만을 앞세우는 데 있지 않는 것입니다.

文學曰 문학이 말했다.

말이 진실하지 못하고, 약속에는 믿음이 없고, 어려운 데 임해 용맹하지 않고, 군주를 섬기는 데 충성스럽지 않으면 어버이에게 가장 큰 불효인 것입니다.

맹자가 말하기를, '지금 세상의 대부는 모두 죄인이다. 모두가 그의 뜻에 영합하고 그의 악행을 따랐다.'라고 했습니다.

지금 그대들은 불충不忠하고 불신不信하며, 아첨하는 교묘한 말로 정사를 어지럽히고 아첨으로 조정을 인도해 세상에 합하기를 구합니다.

이와 같은 자들은 세상에서 용납되지 않았습니다.

『춘추』에 이르기를, '선비는 하나를 지켜서 옮기지 않고, 이치를 따르고 밖의 원조를 구하지 않으며, 그의 직분을 공손히 할 따름이다.'라고 했습니다.

그러므로 지위가 낮은데 말이 고상한 자는 죄가 있다 하고, 남이 말하기도 전에 말하는 자는 오만하다 합니다.

폐하의 조서가 있어서 공경公卿과 함께 나라가 나아갈 방향을 의논하는데, 진실하지 않으면 헛된 입씨름일 뿐입니다.

바른 것으로 군주를 보좌하는 것이 충이다

 승상사가 말했다.

산림山林은 낮은 언덕이라도 사양하지 않아 그 높이를 성취하고, 군자는 나무꾼의 말이라도 사양하지 않고 귀담아 들어 그의 명성을 넓히는 것입니다.

그래서 많은 것을 본 자를 박식하다고 하고, 많은 것을 들은 자를 지혜롭다고 하고, 충고와 간언을 막는 자는 말을 막는 것이라고 하고, 자신이 멋대로 하는 자는 외로운 처지가 된다고 합니다.

그러므로 아래에서부터 높은 자리에 이른 관리는 잘못된 계획이나 계책이 없고, 많은 사람 중에서 등용되어 이른 자는 공로가 무너짐이 없습니다.

『시경』 대아 판板편에 이르기를, '나무꾼에게 물어라.'라고 했습니다.

192

이렇게 이름 없는 백성들도 모두 제 목소리로 큰소리를 내는데, 하물며 공경과 높은 관리들이겠습니까?

저 또한 일찍이 겸손하고 공손하게 군자의 가르침을 받았습니다.

그런데 문학이 말하는 것은 옳고 제가 말하는 것은 무슨 해로움이 있는 것입니까?

상대가 그르다는 전제로 누구와 논의하면 늘 그르다고 하지 않겠습니까?

 문학이 말했다.

바른 것으로써 군주를 보좌하는 것을 충忠이라 이르고, 사특한 것으로써 군주를 인도하는 것을 아첨한다고 이릅니다.

잘못에는 분노하고 선한 것은 받아들이는 자는 군주에게는 충신이고, 대부에게는 곧은 선비인 것입니다.

공자께서 말씀하시기를, '대부가 옳게 간쟁諫爭하는 신하 3명을 두면 비록 도가 없다고 하더라도 그의 집안을 잃지 않을 것이다.'라고 했습니다.

지금 승상사 그대는 재사宰士의 반열에 있으나 충성되고 바른 마음이 없고, 굽은 것을 능히 바로잡지 않으며, 사특한 것을 밝음으로 바꾸지 않고, 흐르는 것을 따라서 자신을 용납하고, 아첨하는 풍속을 따라서 위 상전을 기쁘게만 합니다.

위에서 말하는 바는 구차하게 들으면서 위에서 행하는 바는 자신의 의사를 굽혀 따르니 마치 그림자가 형체를 따르듯이, 메아리가 소리에 응하는 것과 같이 끝까지 옳고 그른 것이 없습니다.

선비의 옷을 입고 선비의 관을 쓰고 능히 그 도를 행하지 않으면 그는 선비가 아닌 것입니다.

비유컨대 흙으로 만든 장난감인 용과 같아서, 머리와 눈의 형체는 꾸며 갖추었으나 용이 아니라 마른 진흙인 것과 같습니다. 독초도 채소와 같이 푸른색이나 맛이 다르고, 옥과 돌이 서로 같으나 종류가 다른 것입니다.

그대는 공씨(孔氏: 丘)의 경전을 가지고 도를 지키는 선비가 아니라, 공경들 앞에서만 종이인형처럼 따르는 선비일 뿐 우리의 무리는 아닌 것입니다.

공자의 제자 염유冉有가 계씨季氏의 재상이 되어 세금을 많이 징수하자, 공자께서 말씀하시기를, '제자들아! 북을 울려서 그를 물리침이 옳다.'라고 하셨습니다.

그러므로 폭군 걸왕을 보좌한 자는 지혜롭지 않고 걸왕을 위해 쓰인 자들은 인仁하지 않다고 했습니다.

승상사가 침울한 얼굴로 잠잠히 있으면서 대답하지 못했다.

大夫曰 대부가 말했다.

현명한 군주께서는 모든 백성들을 걱정하시고, 북쪽 변방이 편안하지 못한 것을 생각하셨다.

그래서 현량과 문학들을 추천케 해 도道가 있는 선비들을 불러 다른 의견이나 다른 방책을 듣고자 이 자리를 마련한 것이다.

여러분은 기특한 계획이나 원대한 계획을 제출해 흉노들을 정벌하고 변방을 편안히 할 계획은 내놓지 못하면서 옛 경전을 읊으며 허황된 말만 하며, 나아가고 물러나는 마땅함이나 시대의 변화를 알지 못하고 의논하는 바도 의지하는 것도 없다.

이것은 마치 무릎이 가려운데 등을 긁는 것과 같다.

이것이 어찌 현명한 군주께서 듣고자 하는 것이겠는가?

 문학이 말했다.

저희들의 대책은 가는 길만 다를 뿐 귀착점은 같은 것입니다.

그 가리키는 뜻은 예의禮義를 높이고, 부정한 재물이나 사사로운 이익을 물리치며, 옛날의 도道를 회복시켜 지금 시대의 실수를 바로 잡아 태평한 세상을 만들자는 것입니다.

일을 집행하는 사람들이 밝은 예에 어둡고 근본을 도외시해, 상업이나 공업의 말단의 이익만을 키우려는 것을 저지하고자 하는 것일 뿐입니다.

선비와 유자들이 일을 성사시키는 것이 없는 것이 아니라, 공경께서 이로운 것만을 따르고 이루고자 하기 때문에 그런 것입니다.

 대부가 말했다.

얼굴빛은 위엄이 있으면서 안으로는 유약하고 진실을 어지럽히는 것은 비겁한 자이다.

겉은 화려하게 비단으로 꾸미고 속옷은 거친 모시로 한 것은 실상을 어지럽히는 것이다.

문학들이 큰 두루마기를 입고 큰 띠를 매어 주周 문왕文王의 의

복을 훔치고, 몸을 굽히며 삼가는 모습은 공자의 겉모습을 훔친 것이다.

의논을 하고 외워서 일컫는 것은 복상(卜商: 子夏)과 단목사(端木賜: 子貢)의 언사言事를 훔친 것이며, 비평하고 다스림을 말하는 것은 관중과 안영의 재능을 훔친 것이다. 그대들은 마음으로 경상卿相을 비하하고 뜻은 만승萬乘의 군주를 하찮게 여긴다.

그대들을 등용하고 정사를 맡긴다면 혼란스럽게 해 다스리지 못할 것이다.

언사로써 인재를 추천하는 것은 말馬의 털만 가지고 말을 감정하는 것과 같은 것이다. 이것은 말을 잘하는 이들이 많은 데도 등용되지 못하는 이유이기도 하다.

조서에 이르기를 '짐은 천하의 인재를 아름답게 여긴다. 그러므로 사방의 호방하고 준걸스런 문학과 널리 학문을 익힌 선비들을 모두 이끌어 관직과 봉록을 뛰어넘게 하겠다.'라고 했다.

그러나 좋은 말을 하는 자가 반드시 덕이 있다고 할 수 없다. 말하기는 쉬워도 행동하기가 어렵기 때문이다.

그대들은 지금 관리의 이로움을 이루고자 하는 것이 아니라, 옛날의 가르침에 얽매여 폐하와 우리를 이간시켜려는 말만을 하고 있다.

文學曰 문학이 말했다.

말도 잘하고 행동도 잘한 이는 탕왕湯王과 무왕武王이었습니다. 말은 잘하는데 행동하는 데 능하지 못한 자들은 관리들입니다.

문학들이 주공의 의복을 훔쳤다면 관리들은 주공의 지위를 훔친 것입니다. 문학들이 옛날의 학업에 얽매여 있다면 관리들은 재물의 이익에 얽매여 있는 것입니다.

천리마의 재주는 1천 리를 가는 것인데, 조보(造父: 말을 잘 길들이는 재주를 지닌 사람)가 아니라면 능히 부리지 못하는 것입니다. 우禹임금의 지혜는 1만 사람보다 낫지만 순舜임금이 아니었다면 재상으로 등용되지 못했을 것입니다.

조보는 말고삐를 잡고 노둔한 말이거나 좋은 말이거나 할 것 없이 모두 길을 잘 가도록 했습니다.

그러므로 운전하는 자가 좋으면 말을 잘 길들이고, 보좌하는 자가 어질면 선비를 잘 부리는 것입니다.

말은 많고 행동은 없으며 남의 눈치를 보고 아첨하는 자들을 관리로 추천하고 쓴다면 이는 마치 천리마에게 소금 수레를 끌게 하고 빨리 달리도록 채찍질하는 것과 같은 것입니다.

이러한 것들이 현량이나 문학들을 많이 등용하는 데 알맞지 않는 것들입니다.

大夫曰 대부가 말했다.

아! 그대들은 용렬하여 행동이 없고, 말은 많은데 쓸모가 없어, 속과 겉의 모습이 서로 부합하지 않는다. 마치 담을 넘는 도적과 같아 예부터 걱정거리였다. 이는 공자가 노나라 군주에게 쫓겨나 일찍이 세상에 등용되지 못한 것이기도 하다. 왜냐하면 그것은 쥐가 구멍에 머리를 내놓고 양쪽을 관망하는 것으로, 때를 만나도 구하지 못하는 것이다. 그러므로 진시황秦始皇이 그 학술들을 불살라 버리고, 그 무리들을 위수渭水가 있는 함양에 생매장시키고 등용하지 않은 것이다.

어찌 입과 혀를 놀려 어전회의에서 논의하고 국가의 일을 시비是非하는 것인가?

국가의 부끄러움에 대해 논하다

文學曰 문학이 말했다.

국가에 어진 선비가 있는데 등용되지 못한 것은 선비의 과실이 아니라 국가의 부끄러운 것입니다. 공자는 대성인이신데도 제후들이 등용하지 않았습니다.

지금 공경들은 높은 지위에 있으면서 천하의 요체를 잡은 지 10여 년이 되었으나 공덕은 천하에 베풀어지지 않았고 백성들은 수고하여 피로해졌습니다. 백성들은 가난하고 누추하고 곤궁한데도 관리들의 집에는 수만금이 쌓여 있습니다.

이것이 군자가 나라를 부끄러워하는 이유 중 하나입니다.

옛날에 상앙이 진秦나라의 재상이 되어 예禮를 뒤로 하고 탐하고 비루한 것을 먼저 하고, 적군의 목을 벤 공로를 높이는 등 나아가 취하는 것에 힘쓰고, 백성에게는 덕으로 두텁게 하는 것이 없고 나라에는 형벌만을 엄하게 해, 풍속이 날마다 무너지고 백성들의 원망만

불어났습니다. 그러므로 진秦나라 혜왕惠王*이 그를 삶고 절여 죽여서 천하에 표본으로 삼았습니다.

지금 정치를 잡은 이들은 유학자들이 가난하고 말이 많은 것을 근심하지만, 유학자들은 또한 정치를 담당한 자들이 부유하기만 하고 재앙이 많은 것들만을 근심할 뿐입니다.

대부는 문학들을 쳐다보며 아무 말도 하지 않았다.

丞相史 그러자 승상사가 말했다.

정사를 의논하고 정치를 집행하는 데 있어서 늘 득실을 논하는데, 문학들이 당연한 도리를 깨우치지 못하고 옛 법만 주장한다면 이런 논의의 자리가 만들어진 이유를 모르는 것입니다. 이 자리는 국가를 위한 간절한 생각에서 모인 것입니다.

대부께서 소금과 철의 전매를 폐지하는 것을 어렵게 여기시는 것은 사사로운 것이 있어서가 아니라 국가의 비용과 변방의 경비를 걱정해서입니다.

여러분이 소금과 철의 전매에 관해 논쟁하는 것도 자신들을 위한 것이 아니라 옛날로 돌아가 인의를 성취하는 것을 돕고자 하는 것일 것입니다.

양쪽이 각각 높이는 바가 있고 시대의 힘쓰는 바는 다르나 옛날의

---

* 다른 책에서는 모두 혜왕이 상앙을 거열형에 처했다고 했는데, 여기에서만 유독 삶고 절여 죽였다고 하여 전재한 것이 서로 다르다.

방법만을 굳세게 주장하는 것이 지금의 이치는 아닐 것입니다.

여러분이 만약에 국내를 안정시키고 변방 도적들의 재앙을 없앨 수만 있다면 세금을 모두 면제시킬 수 있는데, 하물며 소금과 철과 균수법을 폐지하는 것이 무슨 문제이겠습니까?

학문을 귀하게 여기는 것은 도로써 남에게 정성을 다하는 것입니다.

지금 변론하고 송사하는 현량과 문학들이 기탄없이 바른 말들을 하는 듯해도 바른 언사가 없이 비루하고 이치에 어긋나는 안색만 보이니 듣던 바와는 다릅니다. 대부께서도 말씀이 지나쳤고, 제생 또한 이와 같으니 여러분이 대부께 사과하는 것이 지나치지 않을 것입니다.

 현량과 문학들이 모두 자리에서 일어나 말했다.

촌사람들은 고루하여 큰 조정을 건너기가 어렵고, 미치광이의 말은 알맞지 않는 것들이 많아 관리들과는 상반되는 것입니다.

약은 입에는 쓰지만 병에는 이롭고, 충성된 말은 귀에는 거슬리지만 행동에는 이로운 것입니다.

그러므로 기탄없이 바른 말을 하는 것은 복이 되고, 아첨하는 말은 해가 되는 것입니다. 숲 속에는 빠른 바람이 많이 불고, 부유하고 귀한 곳에는 아첨하는 말들이 많습니다.

조정에 앉아 날마다 '예. 예.' 하는 말만 듣다가 이제 저희들의 기탄 없는 말을 들었으니 공경들에게 좋은 약이 되고 침이 될 것입니다.

대부는 안색을 조금 누그러뜨리고 이번에는 현량들을 향해서 말했다.

궁벽한 시골에는 그른 것을 옳다고 여기는 변설이 많고, 견문이 적은 사람들은 고정관념을 깨기가 어렵다.

문학들은 끝이 없는 말만을 고수하면서 끝까지 변화하려고 하지 않았다. 지난날의 일이나 옛날에 있었던 말들은 이미 모두 읽고 보았다.

지금 오늘날의 세상을 관찰해보면, 직접 눈으로 보는 바가 있고 귀로 듣는 바가 있으며 세상이 다르면 사업도 다른 것이다.

문제文帝와 경제景帝의 시대와 무제武帝의 건원建元이 처음 시작될 때에는 백성들이 소박해 농업으로 회귀했다. 관리는 청렴하고 자중해 성대하고 성대했다. 백성들은 증가하고 가정은 부유했다.

지금은 정치도 똑같고 교육도 바뀌지 않았는데 어찌해 세상이 더욱 각박해지고 풍속이 더욱 쇠퇴했다고 하는 것인가?

관리는 젊고 청렴하게 하며, 백성들은 부끄러움을 적게 하기 위해 나쁜 것을 형벌로 다스리고 악을 처벌했으나 간악한 것은 오히려 중지되지 않았다. 세상 사람들이 말하기를 '시골의 유생들은 도시의 선비와 같지 않다.'라고 한다. 문학들은 모두 산동山東에서 나왔는데 거대한 논의를 간섭한 자들이 드물었다. 그대들은 경사京師에서 논의한 날이 오래 되었으니 원컨대 정치적 득실을 밝게 분석하기를 바란다.

賢良曰 현량이 말했다.

지난날에 일반 백성들의 의복은 따뜻하고 사치스럽지 않았으며 그릇들은 소박하고 단단한 것을 사용했습니다.

옷은 신체를 가리는 것이면 충분했고 기구들은 일하는 데 편리하면 충분했으며 수레는 자신들의 짐을 실으면 충분했습니다.

술은 함께 즐기는 데 충분하면 탐닉하지 않았으며, 음악은 마음을 다스리는 데 충분하여 음란하지 않았습니다.

절약하여 사용해 재물은 넉넉했고 근본인 농업이 닦여져서 백성들은 부유했습니다.

장례는 슬퍼하되 호화롭지 않았고, 이렇듯 인생의 근본인 관혼상제는 적당해 사치하지 않았습니다.

대신들은 바르고 욕심이 없었으며, 정치를 하는 자들은 너그럽고 까다롭지 않았습니다.

그러므로 백성들은 그의 본성을 편안히 하고 모든 관리들은 그의 관직을 보전했습니다.

선제先帝 무제武帝 건원의 처음에는 문文을 높이고 덕을 닦아 천하를 다스려 편안했습니다.

그 뒤 사특한 신하들이 각각 교묘한 솜씨로 지극히 다스림을 어지럽게 이지러뜨려 밖으로는 산과 바다를 막고 안으로는 모든 이로운 것을 일으켰습니다.

양가楊可는 고민령告緡令을 내리게 했고,* 강충江充**은 복장의 금지령을 내리게 했습니다. 장대부(張大夫: 張湯)는 법을 개정케 했고, 두주杜周는 옥사를 다스렸는데 죄를 속죄시키고 부패가 일어나니 자잘한 것들은 모두 다 기록할 수가 없는 지경이었습니다.

이 때문에 잔혹한 관리가 싹터 일어나 착한 백성들을 요란하게 어지럽혔습니다.

그제야 성스런 군주께서 깨달으시고 이에 강충 등을 형벌에 처하고 잔악한 도적들을 처벌해 죽은 자들의 원한을 없애 천하의 질책을 막았습니다.

그렇게 백성들은 마침내 다시 편안해졌습니다.

그러나 그 재앙은 여러 대 동안 회복되지 않았고, 그 상처는 지금에 이르러도 아물지 않았습니다.

지금도 모든 관리가 오히려 백성들을 잔인하게 해치는 정사政事가 있고 재물을 강탈하려는 마음을 가지고 행동하고 있습니다.

대신은 권세로 함부로 형벌을 자행하고, 세력 있고 교활한 자들은 당黨을 만들어 서로를 침범하여 능멸하고, 부귀한 이들은 사치를 하고, 빈천한 백성들은 빼앗기고 죽게 되었습니다.

---

* 고민령告緡令은 돈꿰미를 고발하는 영令. 곧 재물을 숨기고 고의로 세금을 내지 않는 상인들의 돈꿰미를 적발하는 '고민령'을 반포하여 호족이나 부유한 상인을 압박하고 정부의 수입을 증진시켰다.
** 황제의 근친이나 귀족들이 복장의 제도를 뛰어넘는 옷을 입지 못하도록 하고 그들의 거마를 압수하여 군비에 충원토록 했으나 무고巫蠱의 일을 일으켜 태자를 죽음으로 몰아갔다.

쟁기를 잡고 보습을 안고 몸소 밭을 갈고 몸소 길쌈하는 자는 적고, 없는 데 있다고 하고 가난하면서도 강한 척 자랑합니다.

겉은 꾸미고 속은 아무것도 없으며, 겉은 비단옷에 속은 값싼 모시옷을 입고 제대로 살지 못하면서 죽은 이를 후하게 장사지내는 데 가산을 다 쓰고, 딸을 시집보낼 때는 수레에 가득 차게 합니다.

부자들은 지나치게 하고, 가난한 자들은 미치지 못하는 것을 부끄럽게 여겨서 가난한 자들은 돈을 빌려서까지 합니다.

이 때문에 백성들은 해마다 가난해지고 빚 독촉에도 부끄러움이 적어집니다. 간사한 풍속이 중지되지 않고 오히려 늘어납니다. 그러므로 국가에는 매우 급박한 징조가 있었는데, 그것은 곧 먹고 입는 기본 생활이 부족해지면 국가의 병이 발생하게 되는 것입니다.

28
국가를 위태롭게 하는 것에 대해 논하다

 대부가 말했다.

나는 현량들이 문학보다는 조금은 나아서 어두운 것들을 밝혀 밝은 것들로 돌아오게 할 줄 알았는데, 이건 마치 오랑캐의 빈 수레가 서로 따라 달리며 크게 울리는 것과 같을 뿐이다.

폐하의 조서에 따라 논의論議에 든 그대들은 늦여름에 홀로 우는 씽씽매미를 보지 못했는가? 한 때만 울음소리로 시끄럽다가 가을철이 되면 소리를 들을 수 없다.

그대들은 한 번 한 말은 바꾸지 말고 그 근심을 돌아보지 말라. 근심이 생긴 뒤에는 침묵하게 되면 늦은 것이다.

현량이 말했다.

공자께서는 노나라의 역사서를 읽으시고 탄식하며, 바른 덕이 무너져 구주九州의 신하가 위태로운 것을 상심하셨습니다.

현인이나 군자들은 천하를 자신의 임무로 삼았습니다.

대임을 맡은 자들은 멀리 생각하고, 멀리 생각하는 자는 가까운 곳을 잊는 것입니다.

누구든 진실한 마음으로 천하를 보면 가엾게 여기고 슬퍼하며 측은한 마음이 더해질 것입니다. 그러므로 충성스런 마음만이 나라와 백성들에게 피해를 주는 일이 없을 것입니다.

이것은 천하의 시인들이 천하를 마음 아파하며 글을 지어서 왕자王者 비간比干이나 오자서伍子胥 등이 시를 읽으며 자신을 버리고 재앙을 잊은 것과 같은 것입니다.

천하의 나쁜 것들이 나라와 백성을 고통스럽게 하고 있는데, 이와 같이 급박한 때에 어찌 침묵하겠습니까?

『시경』의 소아 절남산節南山 시에 이르기를, '근심하는 마음이 불붙는 것과 같아 / 감히 농담도 못 하게 되었네.'라고 했습니다.

공자께서 분주하셨던 것은 고루한 것을 싫어했기 때문이었습니다. 묵자가 세상을 허둥지둥했던 것은 불쌍한 세상을 어찌하지 못하는 자신과 제자들을 민망하게 여겼기 때문입니다.

대부가 잠잠히 있었다.

승상이 말했다.

바라건대 나라에서 소비하면 부족하다는 것에 대한 의견을 듣고 싶은 것이다.

 현량이 말했다.

궁실宮室에서 수레와 말, 의복이나 기계, 상례와 제례에서의 음식, 음악이나 여색, 진기한 노리개 등은 사람의 정에 바탕하는 것이어서 능히 버리지 못하는 것들입니다.

그래서 성인이 제도를 만들어 과한 소비를 막았습니다.

요사이 사대부들이 권세와 이익에만 힘쓰고 예의를 태만하게 하고 있습니다. 그 폐단을 백성들이 모방하여 제도를 벗어난 행태를 보입니다.

지금 옛날을 살펴 말하겠습니다.

옛날에는 곡물이나 채소나 과일은 제때가 아니면 먹지 않았습니다. 새와 짐승과 물고기를 잡는데 적당한 시기가 아니면 잡아먹지 않았습니다. 그러므로 때가 아니면 작살이나 그물은 연못에 들이지 못했고, 털이 뒤섞여 있는 짐승은 취하지 않는 것입니다.

지금의 부자들은 촘촘한 그물로 몰고 쫓아서 새끼 사슴과 새끼 새를 잡고, 술에 빠져들어 술을 빚으려고 많은 개울까지 만듭니다. 새끼 양을 깨끗하게 하고 작은 돼지를 죽이고 새끼 새의 껍질을 벗깁니다. 봄에는 거위로, 가을에는 새끼 새로 하고, 겨울에는 아욱을, 따뜻할 때는 부추를 기다리고 생강과 여뀌와 차조기와 뽕나무버섯과 목이버섯 나물과 각종 크고 작은 동물들을 먹습니다.

옛날에는 다듬지 않은 서까래를 쓰고 띠로 지붕을 이며 질그릇을 굽고 출입구가 겹쳐진 굴 속에서 추위나 더위를 막고 바람이나 비를 가릴 따름이었습니다. 후세에 이르러도 다듬지 않은 서까래로 집을 짓고 띠로 이은 지붕을 다듬지 않아 나무를 찍어 다듬고 깎는 일이나 갈고 다듬는 일이 없었습니다. 대부들은 기둥을 다듬고, 선비들은 밑둥을 다듬기만 하여 살 집을 지었고, 백성들은 도끼가 있으면 나무를 찍어 얽었을 뿐이었습니다.

지금의 부자들은 우물까지도 난간처럼 상량을 올리고 난간을 만들어 문채를 새기고 흰색으로 칠을 하고 벽을 장식하기도 합니다.

옛날에는 의복이 제도에 맞지 않고 기구들이 쓰임에 알맞지 않으면 시장에서 팔지 않았습니다. 지금의 민간에서는 알맞지 않는 물건을 만들며, 진기한 노래나 쓸모없는 그릇들에 화려한 무늬를 새기고 그립니다. 흰색, 검은색, 노란색 등 여러 색으로 실을 뽑아 오색으로 수수繡를 놓은 화려한 옷을 입고, 운남성雲南省 영창부永昌府 보산현保山縣에 사는 소수민족인 포인蒲人과 잡부雜婦들을 희롱하고, 온갖 짐승을 길들여 재주 부리게 하고 호랑이들을 싸움 부칩니다.

지금의 부자들은 수레를 타고 말 탄 병사들을 호위해 뒤따르게 하고 의복을 실은 수레를 곁에 따르게 합니다. 게다가 말 머리나 심지어 발까지 장식하기도 합니다. 한 마리의 말이 먹는 먹이 값은 서민들 여섯 가구의 식사비용에 해당하는데도 말 한 마리는 장정 한 사람 몫의 일을 하지도 않습니다.

옛날에는 70세가 넘은 뒤에는 실로 된 옷을 입고 그 나머지는 마나 모시로 된 옷을 입을 뿐이었습니다. 그러므로 명하여 포의布衣라고 했습니다. 그 뒤에 이르러서는 비단옷을 속에 입고 모시옷을 밖에 걸쳤습니다. 비단옷에 문채가 있는 것은 군주나 왕후의 의복입니다. 합사로 짠 비단과 누인 비단은 혼인할 때 입는 아름다운 복장입니다. 이 때문에 무늬를 놓아 짠 얇은 비단은 시장에서 팔지 않았습니다.

지금의 부자들은 수놓은 비단이나 화려한 비단옷을 입고, 중간쯤인 사람들도 화려한 비단옷을 입습니다. 일반 백성들도 왕비의 의복을 입고, 천한 사람들도 혼인할 때 그런 복장을 합니다. 흰 비단의 가격은 합사로 짠 비단의 갑절이고, 합사로 짠 비단은 보통 비단의 갑절로 비싼 가격입니다.

옛날에는 질박한 수레는 덧바퀴가 없었습니다. 그 뒤에는 나무수레의 횡목에 치장을 하지 않고 큰 바퀴통에 빽빽한 바퀴살에 색칠만 할 뿐 꾸미지 않았습니다.

그러나 지금 대부와 관리들은 나무로 만든 홑 바퀴에 부드러운 가죽을 묶었습니다. 일반 백성들은 바퀴 하나 달린 수레조차도 도색하고 있습니다.

지금 부자들은 수레에 은색과 황색으로 화려하게 덮개를 하고 잡고 타는 손잡이를 만들고 깃대를 답니다. 중간쯤의 부자들은 금색으로 칠하고 말의 재갈을 채색하고 귀걸이를 끼우고 격자창도 달고 있습니다.

옛날에는 사슴 갓옷에 가죽 모자를 쓰고 낡은 말굽이라도 버리지 않았습니다. 그 뒤에 이르러서는 대부와 선비들은 여우가죽과 담비가죽으로 옷을 만들고 새끼 양과 새끼 사슴과 표범가죽으로 소매를 만들었습니다. 일반 백성들은 털 바지와 털 잠방이와 양가죽으로 짧은 바지를 만들어 입었습니다.

지금의 부자들은 담비 옷과 흰 여우의 겨드랑이 털로 만든 옷과 오리의 머리 깃털로 장식한 옷을 입고, 그 아래 계층은 모직물 옷에 금실로 장식하고 연燕의 학서貉鼠와 변방 대代 땅의 족제비가죽 옷을 뽐내어 입습니다.

옛날에는 일반 백성들은 말에 새끼줄을 매어 끌고 가죽신을 신고 가죽으로 방석을 했을 뿐입니다. 그 뒤에 이르러서는 가죽 안장에 담요를 깔고 쇠나 재갈로 장식하지는 않았습니다.

지금의 부자들은 말 머리에 귀걸이와 은비녀를 꽂고, 황금과 옥돌로 장식하고 수놓은 담요로 땀을 막고 안장을 부드럽고 선명하게 합니다. 중간 부자들은 가죽을 염색해 잇고 채색한 것들을 강렬하게 드러나게 합니다.

옛날에는 땅에 우물을 파서 물을 담아 두고 손으로 떠서 마셨으며 잔이나 술그릇은 없었습니다. 그 뒤에 백성들은 그릇을 사용했는데, 대나무나 버드나무나 도자기나 박을 사용할 따름이었습니다. 나중에 제기나 잔이 있은 뒤에 문채를 새기고 칠을 했습니다.

지금의 부자들은 은으로 된 식기와 금으로 장식한 그릇과 쇠로 만든 술잔과 옥으로 만든 악기가 있습니다. 그 아래 중간 부자들은 야옥(野玉: 舒玉)과 저기紵器와 쇠로 만든 촉蜀 지방의 술잔에 문채를 그려 넣고 새기어 1개의 문채 있는 잔으로 동배銅杯 10개로 바꾸어 썼습니다.

은나라의 기자箕子는 화려하고 귀한 그릇을 쓰는 천자를 비난했는데, 당시 천자께서 쓰던 그릇들을 이제는 평범한 필부들이 쓰고 있습니다.

옛날에는 기장을 볶고 수수로 밥을 하고 돼지를 잡아 서로 잔치를 했습니다. 그 뒤에는 노인들은 앉고 젊은이들은 서서 한잔 술에 한 점 고기를 먹고 마실 따름이었습니다. 그 뒤에 이르러서는 손님이나 혼례가 있으면 서로 초청하여 흰밥과 국에 고기로 대접했습니다.

지금의 민간에서는 술을 먹고 안주는 가지가지로 진열하고 구운 고기가 상에 가득하고, 자라를 고고 졸이며 잉어를 회 뜨고 새끼 사슴과 생선젓과 메추리와 가물치와 육장肉醬들로 맛을 내는 사치를 부리고 있습니다.

옛날 백성들은 봄과 여름에는 논과 밭을 갈고 김을 매며, 가을과 겨울에는 거두어들이고 저장하며, 저녁이나 새벽에는 힘써 일하고 밤에는 휴식을 취했습니다.

『시경』의 빈풍 칠월七月의 시구에 이르기를 '낮에는 띠를 짜고 밤에는 새끼를 꼬아서 빨리 지붕을 이어야지. 그래야 다시 파종을 할 수 있다네.'라고 했습니다.

이렇게 휴식을 하지 않았고 제사가 아니면 술과 고기를 먹지 않았습니다.

지금의 민간에서는 잔치에 온 손님들이 술과 음식을 과하게 먹고 마셔 다음날 숙취로 일을 못 하는 이들이 10명에 절반이 되며, 농사일에는 손 놓고 놀려고만 합니다.

옛날 백성들은 거친 밥에 명아주 잎이나 콩잎을 먹고, 특별한 날이 아니면 술과 고기가 없었습니다. 그러므로 세후들이 아무 일이 없으면 소와 양을 잡지 않고, 대부와 선비들도 아무 일이 없으면 개와 돼지를 잡지 않았습니다.

지금은 마을 푸줏간이나 가게에서는 시도 때도 없이 도축을 하고, 사람들은 아무런 명분 없이 고기를 삶아서 야외에 모여 모임을 갖습니다.

옛날 백성들은 물고기와 콩을 차려 놓고 제사를 지내며, 봄이나 가을에는 조상의 사당祠堂을 수리했습니다. 선비는 사당이 하나이고, 대부는 사당이 셋이며, 때마다 제사를 지내고 집 밖에서의 제사는 없었습니다.

지금의 부자들은 이름난 산에 기도하고 산이나 개울에 망제望祭를 지내고 소를 잡고 북을 치며 광대가 유희를 하고 허수아비로 춤을 춥니다. 그 아래 부자들은 양을 잡고 개를 잡고 악인樂人에게 비파를 타고 생황을 불게 합니다. 가난한 자들조차 닭과 돼지와 다섯 가지 맛으로 음식을 향기롭게 합니다.

옛날에는 덕행으로 복을 구했습니다. 그러므로 제사는 관대하고 검소했으며, 인의仁義로 길한 것을 구했습니다. 그래서 점을 치는 것들이 드물었습니다.

지금의 세상 풍속은 막되게 행동을 하며 귀신에게 복을 구하고, 예는 게을리 하고 제사는 후하게 지냅니다. 친한 이를 업신여기고 세력 있는 이를 귀하게 여기며, 망령된 것에 이르러 점쟁이들을 믿고 속이는 말을 듣고 요행을 얻어 허황된 복을 받으려고 합니다.

옛날 군자는 이른 아침부터 밤늦게까지 부지런히 힘써 덕을 생각했습니다. 소인들은 아침저녁으로 쉬지 않고 힘써 일하는 것이 그의 자랑이었습니다. 그러므로 군자는 공로가 없이 그냥 녹봉만을 받아 먹지 않았고, 소인은 공밥을 먹지 않았습니다.

지금의 세상 풍속은 거짓을 꾸미고 속이는 것을 행하여 백성 중 혹은 무당巫堂이 되어 제육의 사례를 취하고, 이익을 위해서 낯가죽 은 두껍고 혀만을 부드럽게 해 사업을 일으키고 부자가 됩니다.

그러므로 힘든 일을 꺼리는 사람들은 근본인 농업을 버리고 서로 이익 보는 방식을 배웁니다. 이 때문에 길거리에는 무당이 있고 마을에는 축원을 하며 뒤로 돈을 세는 무리들이 있습니다.

옛날에는 털이 붙은 가죽에 풀로 깔개를 했습니다. 당시에는 곱고 아름다운 모직물들이 없었습니다. 그 뒤에 이르러 대부와 선비는 겹 치게 자리를 짜서 풀로 가선을 두르고 부들(풀이름)로 평평하게 한 홑 왕골자리였습니다. 서민들은 풀로 깔개를 하고 골풀이나 거친 대 나무로 자리를 만들어 노끈으로 엮어 썼습니다.

지금의 부자들은 깔개에 수를 놓고 모직 담요와 부들자리와 장막 이 없는 침대 노상露牀이 있습니다. 그 아래 계층은 청해靑海의 부드 러운 양가죽과 대代 땅의 모직과 평상 위에 올리는 소책상과 편안한 골풀자리가 있습니다.

옛날에는 익혀서 팔지 않았고, 먹을 것을 팔지도 않았습니다. 그 뒤에 백정과 술장수가 있어 술을 팔고 시장에는 육포와 생선과 소금 이 있을 뿐이었습니다.

지금은 익힌 음식을 가게에 진열하여 안주가 쭉 늘어서 시장을 이 루어 백성들은 생업을 게을리 하며 시장에 둘러앉아 반드시 때를 따 라 먹던 옛 풍습을 버리고 술과 음식을 먹습니다. 돼지고기를 굽고,

개고기를 삶은 것과 말고기를 조린 것과 생선 간을 썬 것과 양고기를 지진 것과 닭고기를 지진 것으로 하루가 저물도록 먹습니다.

옛날에 악기樂器라고는 토고土鼓와 괴부凷枹이며, 나무를 두드리고 돌을 두드려 그의 즐거움을 다했습니다. 그 뒤에 이르러서는 경대부卿大夫는 관경管磬이 있었고, 사士는 거문고와 비파가 있었습니다. 지난날에 민간의 술 모임에서는 각각 당黨의 풍속으로써 쟁과 북과 장군을 탔을 뿐입니다. 미묘한 소리와 우음羽音을 변화시켜 굴리는 것이 없었습니다.

지금의 부자들은 종과 북과 다섯 가지 음악에 노래하는 아이들의 무리를 여럿 거느리고 있습니다. 중간층은 우竽를 울리고 비파를 타며 정鄭나라의 춤을 추고 조趙나라의 노래를 부릅니다.

옛날에는 기와 관棺에 시신을 넣고 나무판자에 즐주楖周로 족히 형체를 거두고 머리카락과 이를 감출 뿐이었습니다. 그 뒤에 이르러서는 오동나무의 관에 옷을 입히지 않고 관을 칠하지도 않고 다듬지도 않았습니다.

지금의 부자들은 관을 치장하고 겹겹으로 만들었습니다. 중간층에서는 가래나무 관에 녹나무 덧관을 하고, 가난한 자들은 그림으로 덮고 옷을 입히고 비단 주머니에 명주 전대까지 넣습니다.

옛날에는 명기(明器: 장례에 사용하는 그릇)는 형체만 있고 실상은 없어서 백성들에게 보여도 가히 사용하지 못했습니다. 그 뒤에 이르러서 국물이 많은 육장을 저장하고 오동나무로 된 말과 허수아비로 약제禴祭를 지내는데 그 물건들을 준비하지도 않았습니다.

지금은 후한 노자에 많은 재물을 감추고 그릇들을 사용하는 것을 산 사람들이 하는 것과 같이 합니다. 군국郡國의 관리들은 뽕나무를 휘어서 수레 모형을 만들고 망루를 만들고 바퀴를 만들어 넣습니다. 필부는 치마가 없고 오동나무 인형에 비단옷을 입혀서 넣습니다.

옛날에는 봉토도 하지 않았고 나무도 심지 않았으며 돌아와 침실에서 편안히 제사를 지내고 단壇이나 궁실에서 살거나 묘당의 자리가 없었습니다. 그 뒤에 이르러서 봉토를 하니 서민의 묘지는 네 자이고 그 높이도 네 자였습니다.

지금의 부자들은 흙을 쌓아 산을 만들고 나무를 심어서 수풀을 이루고 대사臺樹가 각閣과 연이어 모여서 중첩된 누樓를 만듭니다. 중간층에서는 사당의 협문을 아우르고 대궐처럼 대나무를 엮어서 담에 세워둡니다.

옛날에는 이웃집에 상喪이 있으면 방아를 찧되 절구질을 하지 않았고 마을에서는 노래를 부르지 않았습니다. 공자께서는 상을 당한 집에서는 일찍이 배불리 드시지 않았고, 이 날 곡을 하시면 노래를 부르시지 않았습니다.

지금의 풍속은 사람의 상이 있으면 술과 고기를 찾고 행여 조금씩 모여 앉기라도 하면 노름에나 힘쓰고 배우들과 같이 노래 부르고 춤을 추며 연달아 웃고 춤을 추기도 합니다.

옛날에는 남자와 여자의 사이는 오래 되어서 시집가고 장가드는 복장을 기록할 수가 없었습니다. 우虞나라와 하나라의 뒤에 이르러서는 대개 겉은 베로 하고 안은 실로 해 뼈로 만든 비녀와 상아 귀걸이였으며 제후의 부인은 비단옷에 홑옷을 더할 따름이었습니다.

지금의 부자들은 가죽으로 된 붉은 담비 옷을 입고 여러 가지 구슬 패물을 차고 다닙니다. 중간층도 긴 옷자락에 황후 옷을 입고 벽서璧瑞와 비녀와 귀걸이를 합니다.

옛날에는 살아 있는 이를 섬기는 데 사랑을 다하고, 죽은 이를 보내는 데 슬픔을 다했습니다. 그러므로 성인이 제도와 절도를 만들어 헛되게 더하지 않았습니다.

지금은 살아 있는 이에게 사랑과 공경을 다하지 않고 죽은 이에게는 사치로써 경쟁하듯 서로 높이고 있습니다. 비록 슬퍼하는 마음이 없더라도 후하게 장례를 치르고 폐백을 두텁게 해 효도한다고 일컫고 이름을 세상에 뽐냅니다. 그러므로 일반 백성들이 나쁜 풍속을 본받아 허례허식에 집을 무너뜨리고 그 비용을 만들기 위해 사업을 매매하는 데까지 이르렀습니다.

옛날에는 부부 간에 사랑하는 것이 한 남자에 한 여성으로 가정의 도를 이루었습니다. 뒤에 이르러 사士는 1명의 첩을 두고, 대부는 2명의 첩을 두고, 제후들은 신부에 딸려 오는 여자 9명을 두었을 따름입니다.

지금의 제후들은 1백 수십 명이고, 경대부는 10여 명이고, 부자들은 여인이 집 안에 가득합니다. 이 때문에 여인은 혹은 헛된 원망으로 때를 잃게 되고 가난한 남자들은 혹은 죽음에 이르기까지 짝이 없게 되었습니다.

옛날에는 흉년을 대비하지 않았고 풍년에도 기근만을 보충하였으며, 옛것을 손질하여 쓸 뿐 다시 고치지는 않았습니다.

지금은 공인들이 물건에 변화를 주어 다르게 하고 관리들은 마음이 달라져 전통을 무너뜨리고 그 속내를 숨기고 있습니다. 마음으로는 공업功業을 지극히 한다고 하면서 힘쓰는 것은 얼굴빛이나 눈치만을 살핍니다. 공적을 쌓아서 명예를 사고 백성들의 급박한 것을 구휼하지 않았습니다. 논과 밭을 개간하지 않고, 역참에 사는 집을 꾸미고, 읍邑에서는 황폐한 곳에 살면서 그 성곽을 높입니다.

옛날에는 사람의 힘을 새와 짐승을 쫓는 데 사용하지 않았고, 백성들에게서 재물을 빼앗아 개나 말을 기르지 않았습니다. 이 때문에 재물이 불어나고 힘은 남아 있었습니다.

지금은 맹수나 기이한 짐승들을 길러서 먹이고 있습니다. 백성들은 거친 무명옷을 입는 것도 완전하지 못한데 세도가나 부자들의 개와 말은 수놓은 옷을 입고, 일반 백성들은 겨나 술지게미도 접하지 못하는데 새나 짐승은 기장이나 고기를 먹고 있습니다.

옛날에는 군주가 일하는 자를 공경하고 아래를 사랑하여 백성들을 부릴 때는 직업에 맞추어 한가한 계절에 하게 해 천자는 천하를 집으로 삼았습니다. 신하들이나 백성들은 각자가 그의 때에 따라 공공의 작업을 제공하는 것이 옛날부터 통용된 방식이었습니다.

지금의 천자께서는 노비들이 많고, 산업을 일으키거나 이익을 만드는 것에 힘을 다하지 않아 부유함을 잃었습니다. 그리고 백성들은 한두 마리 말도 없는데 관리들과 노비들은 수백 금을 쌓아 놓고, 백성들은 새벽부터 저녁까지 일을 놓지 않는데 천자의 노비들은 두 손을 맞잡고 놀고 있습니다.

옛날에는 친한 사람은 가까이하고 멀리 있는 사람은 소원하게 하여 동일한 바를 귀하게 여기고 자기 부류가 아닌 자들을 천하게 여겼습니다. 공로기 없으면 상을 주지 않았고 쓸모가 없으면 기르지 않았습니다.

지금은 만蠻이나 맥貊과 같은 오랑캐들은 공로가 없음에도 조정에서는 거만하고, 널따란 집과 대저택에 앉아서 의복과 음식을 받아먹고 있습니다. 백성들은 아침저녁으로 넉넉하지 못한데 만蠻이나 이夷의 오랑캐들은 혹은 술과 고기를 싫증이 나도록 먹고 있습니다. 백성들은 밭두둑 언덕에서 힘써 일하는데 오랑캐들은 다리를 꼬고 거만하게 행동하고 있습니다.

옛날에는 백성들은 거친 신이나 풀로 만든 신을 신고 실을 다스렸을 따름이었습니다. 그 뒤에 이르러서 들메끈의 아래는 밟지 않고 생가죽신을 신었습니다.

지금의 부자들은 이름난 장인에게 가죽을 가볍고 섬세하게 무두질하게 해 비단을 속에 넣고 아래는 흰 비단 끈을 달고 천의 무늬를 단아하게 하고 가선을 가로로 합니다. 중간층에서는 등리鄧里의 사이에서 괴저觖苴를 만들어 신습니다. 어리석은 자나 비첩婢妾들은 가죽신이나 실로 만든 신을 신습니다. 일하는 사람들은 거친 신에 신코를 장식하여 신습니다.

옛날의 성인은 자신을 수고롭게 하고 정신을 길러서 욕심을 절제하고 하늘을 높이고 땅을 공경하며 덕을 바탕으로 인仁을 행했습니다. 하늘에 흠향을 높이 하고 세상을 노래하면 그 해에 풍년이 들었습니다. 그러므로 요임금은 빼어난 눈썹에 높은 광채로 1백 년이나 사는 국가의 복을 누렸습니다.

진시황에 이르러 괴이하고 바르지 못해 노생盧生을 시켜서 선문고羨門高를 구하고, 서시徐市 등을 보내 바다에 들어가 불사약不死藥을 구하게 했습니다. 이때에 연나라와 제나라의 선비들은 호미와 가래를 버리고 죽지 않는다는 신선神仙을 앞 다투어 말했습니다.

방사方士들이 이에 함양咸陽으로 달려간 자가 수천 명이었으며 선인仙人을 말하고 금金을 먹고 구슬(珠)을 녹여 마신 연후에는 수명이 하늘과 땅과 함께 한다고 거짓말을 했습니다. 이에 오악(五嶽: 중국의 대표적인 다섯 산)과 빈해濱海의 관관을 행차하여 신선을 봉래산蓬萊山에서 찾고자 했습니다. 황제가 자주 군과 현에 행차하니 부유한 사람들이 경비를 보좌해야 했습니다. 가난한 자들은 길옆에서 도로를 쌓았습니다. 나라가 그 지경에 이르자 소자小者들은 도망치고 대자大者들은 자신을 감추고 숨었습니다. 관리들 또한 도망하거나 숨은 사람들을 찾아서 체포하고 이끌어 정돈하는 것을 도리로써 하지 않았습니다. 오두막집이나 부락에는 살아 있는 싹이나 서 있는 나무가 없을 지경이었습니다. 백성들의 마음이 떠나고 원망하는 자가 열에 반이나 되었습니다.

『서경』주서에 이르기를 '공물을 바치는 데는 많은 예절이 있는데, 예절이 물건에 미치지 못하면 성실하지 못한 것이다.'라고 했습니다. 이 때문에 무제께서는 문성장군文成將軍과 오리장군五利將軍 등을 처단했고, 학관學官을 세우고 충성되고 진실한 이를 가까이해 괴상하고 사나운 단서를 단절하고 지극한 덕의 길을 밝게 하고자 했던 것입니다.

궁실을 사치스럽게 하는 것은 재목[材才]의 좀벌레인 것입니다.

기계器械를 조각하고 교묘하게 만드는 것은 재물을 낭비하는 좀벌레인 것입니다.

의복을 화려하게 하는 것은 베나 비단의 좀벌레인 것입니다.

개나 말에게 사람이 먹는 것을 먹이는 것은 오곡五穀의 좀벌레인 것입니다.

입과 배를 맛있는 것으로 방자하게 하는 것은 물고기와 고기의 좀벌레인 것입니다.

비용을 절약하지 않는 것은 창고의 좀벌레인 것입니다.

쌓여 있는 것이 새 나가는 것을 금지하지 않는 것은 논과 밭의 좀벌레인 것입니다.

상례와 제사에 절도가 없는 것은 삶을 해치는 좀벌레인 것입니다.

성취된 것을 무너뜨리고 옛 것을 변화시키면 공로公路를 손상시켜 공인과 상인이 위로 권력과 통하고 농업을 손상시키는 것입니다. 그러므로 하나의 술잔에 1백 명의 힘을 사용하고 하나의 병풍에 1만 명의 힘을 사용하면 그 피해가 대단한 것입니다.

지금 권력을 잡은 자들은 눈은 다섯 가지의 색에 이끌리고 귀는 다섯 가지의 음音에 현혹되었으며 몸은 비단으로 지극히 가볍고 따뜻하게 하는 것에 힘쓰고 입은 달고 연한 것만을 찾습니다. 나라를 위해 바른 공로功勞는 생각하지 않고, 쓸모없는 것만을 쌓고, 나라의 귀한 재물을 급하지 않는 데 소모시켜 창고를 비게 하고, 입속이나 뱃속은 사사로운 많은 것들로 채우고 있습니다. 그러므로 국가가 병들었는데도 부족한 것을 모으게 되면 정사政事는 태만해지고 백성의 고통은 헤아릴 수 없습니다. 그것은 마치 사람이 병들었는데도 쓸데가 없이 부족한 것들을 모으려고 하는 것과 같습니다. 이 지경이면 나라도 개인들도 위태해지는 것입니다.

승상이 말했다.
바르게 다스리는 데 부족한 것들을 모으려면 어떻게 해야 하
는가?

위태로워진 국가를 바로잡을 방도에
대해 논하다

현량이 말했다.

대개 굽은 것을 교정하는 데는 곧은 것으로 하고, 화려한 것을 구제하는 데는 질박한 것으로 하는 것입니다.

옛날에 안자晏子는 제나라의 재상이 되어 한 벌의 여우 갖옷으로 30년간을 입었습니다. 백성들이 사치스럽게 생활하자 검소한 것으로써 모범을 보였습니다.

지금의 공경대부公卿大夫와 가족들은 진실로 수레를 알맞게 하고, 의복을 적당하게 하고, 절약과 검소한 것을 친히 하고, 돈후敦厚하고 질박한 것을 솔선하여 정원과 연못을 없애고, 자신들의 전답과 주택을 줄여야 합니다.

그러면 권력자들을 위한 공인이나 상인들의 늘어선 점포에 일이 없게 되고 밖으로는 산이나 호수에도 일이 없을 것입니다. 농부들은 농사를 지어 베풀 수 있게 되고, 여공들은 그들이 만든 옷감을 판매할 수가 있을 것입니다. 이와 같이 하면 나라의 의사소통이 순조로워져 부족한 것들을 모아들이는 병폐는 없어질 것입니다.

大夫曰 대부가 말했다.

사리에 맞지 않는 어불성설로, 고아가 효도를 말하고, 앉은뱅이가 지팡이를 말하고, 가난한 자가 인仁을 말하고, 천한 자가 다스리는 것을 말하는 것이다.

의논하는 것들이 자신에게 있지 않는 것은 말하기가 쉽고, 곁에서 결론을 따르는 자는 쉽게 옳다고 여기고, 그 의논하는 당사자들은 혼란스러워 하는 것이다.

그러므로 공손홍公孫弘이 무명이불을 덮었고, 예관倪寬이 누덕누덕 기운 도포를 입어 의복은 종들과 같았고 먹는 것은 품팔이꾼이 먹는 것과 같았다.

또 회남왕淮南王 유안劉安은 안에서 반역을 했고, 만蠻과 이夷의 오랑캐는 밖에서 포악한 것을 일삼아 도적들이 끊이지 않았고, 사치스러운 풍속은 줄어들지 않았다.

마치 돌림병이 있는 해에 무당이 주문을 외는 것처럼 그대들은 무턱대고 입만 놀릴 뿐이니 어떻게 부족한 것들을 능히 다스릴 수가 있겠는가?

현량이 말했다.

고황제(高皇帝: 유방) 때에는 소하蕭何와 조참曹參이 공공이 되고, 등공(滕公: 夏侯嬰)과 관영灌嬰의 무리가 경卿이 되어 위의를 갖춘 이들이 이에 함께해 현명했습니다.

문제文帝와 경제景帝 사이와 무제武帝 건원建元의 처음에는 대신들이 오히려 이끌어 황제에게 간쟁해 바른 것을 지키려는 의義가 있었습니다.

그러나 뒤로는 군주의 마음만을 살피며 하고자 하는 것만을 따르는 것이 많고 감히 면전에서 의논해 바르게 말하려는 것들이 적어 공적인 인연에서 사사로운 것만을 따랐습니다.

9층 높이의 대臺가 한 번 기울어지면 공수자(公輸子: 公輸盤)도 능히 바르게 하지 못하고, 나라의 조정이 한 번 사특하게 되면 은殷나라의 이윤伊尹이나 주周나라의 태공망太公望도 능히 회복시키지 못하는 것입니다. 그러므로 선제(先帝: 武帝) 때 승상인 공손홍이나 대부 예관倪寬은 나라가 기우는 것을 삼가 두려워하여 도道를 행하고, 자신의 녹봉을 나누어 어진 이를 양성하고, 자신을 낮추고 선비들의 뜻을 바르게 세워 날마다 부족한 것을 보충하려 힘썼으나 정나라 자산子産의 뜻을 계승할 수가 없었습니다.

그 후 갈역후葛繹侯인 공손하公孫賀와 유굴리劉屈氂 등이 승상이 되어서는 도덕에 합당한 사업을 무너뜨리고 나라의 기강을 어지럽혔습니다. 그들은 공손홍과 예관이 선비들을 위해 세운 객관客官이나 의논하던 당堂들을 훼손시켜 마구간이나 부인들의 방으로 만들었습니다. 그때부터 선비들을 양성하는 예가 없어졌고, 관리들은 교만하고 자만하는 얼굴빛에 염치는 점점 약해져 사사로이 이익만을 다투었습니다.

그러므로 이제는 좋은 밭이나 넓은 집에는 백성들이 갈 곳이 없고, 이익만을 위하는 자들은 조정이나 시장에 가득하며, 많은 전답에 많은 가축을 기르는 자들은 나라에 더욱 해가 되어도 부끄러워하지 않습니다. 권력자들과 세력가들은 횡포하게도 도로 위에 거대한 저택이나 큰 집을 지어 길이 통하지 않게 하거나 굽어지게 했습니다. 이것이 기우는 것을 고치기는 진실로 어렵고 공업功業을 하기도 참으로 불가능한 것입니다.

대부가 발끈해 낯빛이 붉어지고 침묵하고 응대하지 않았다.

丞相曰 승상이 말했다.

내가 듣건대 정장자鄭長者가 말하기를 '군자는 안색을 바르게 해 사납고 교만한 것을 멀리하고, 말을 부드럽게 해 이치에 어긋나는 비루한 것을 멀리해야 한다.'라고 했다. 그러므로 말은 기록하고 행동은 본받아야 하는 것이다.

만약 검객론劍客論이나 박혁론博奕論* 등 하찮은 것들로 안색을 붉히고 서로를 향해 권세를 내세운다면 관리들은 현량이나 문학들과 함께 의논조차 하지 않을 것이며, 그대들은 불손하다는 이름을 뒤집어쓸 것이다.

* 섬이나 장기, 바둑에 대한 논을 말함.

공손룡公孫龍이 말했다. '논하는 것은 말을 잘하는 것으로 삼는 것이다. 그러므로 뜻을 붙이는 것이다. 뜻을 붙이면 서로 관대해지고, 서로 관대해지면 그것이 다툼으로 돌아가고, 다투는데 양보하지 않게 되면 비루한 곳으로 들어가게 된다.'라고 했다.

지금 관리들이 불인不仁하고 공로도 없이 녹봉만을 타 먹으며 부끄러움을 씻지 못하고 있다. 천자께서 현량이나 문학을 불러 등용하려는 바는 관리로서 백성들과 가까이 하고 나중에 나라를 다스리는 위대한 관리가 되게 하려는 것이다. 돌침石針을 사용해 백성들의 질병을 고치는 것을 보지 못했다.

賢良曰 현량이 말했다.

가의賈誼가 말하기를 '간절한 말은 말이 얕아서 가리키는 것이 받아들여지지 않고, 심각한 말은 상대의 귀를 거슬려 가리키는 것을 잃게 된다.'라고 했습니다.

그러므로 이르기를 '담소談笑가 어찌 용이하겠는가?'라고 했습니다.

담소도 쉽지 않은데 하물며 행함에 있어서는 어떻겠습니까?

속담에 이르기를 '다섯 도적이 한 사람의 착한 사람을 잡고, 굽은 나무는 곧은 먹줄을 미워한다.'고 했습니다. 지금 급한 처지에 돌침이라도 내려서 관격(關腸: 체한 증세)을 통하게 하고자 하는데, 성옹成顒과 호건胡建을 두려워하는 부정부패한 관리들은 금침金針을 품고 쑥을 전대에 담은 장인(匠人: 의사)이 아니라는 이유로 돌침을 쓰지 못하게 해 환자를 죽이는 것입니다.

이것은 '늙은 이리는 앞으로 갈 때 턱밑에 늘어진 살을 밟아 넘어지고, 뒤로 물러날 때는 그의 꼬리를 밟아서 넘어진다는 것'으로 진퇴양난이라고 하는 것입니다. 군자의 길을 행동해 가고 중지해 쉬는 길은 진실로 좁을 뿐입니다. 이것은 공손룡이 탄식하던 바였습니다.

30

군주는 사사롭게 재물은 주어도 되지만 관직은 안 된다

 대부가 말했다.

어진 이는 거대한 숲 속에서 바람이나 우레를 만나도 미혹되지 않는다.

어리석은 자는 비록 평평한 길을 만나 대로를 통해 걷게 되더라도 오히려 앞이 캄캄하고 미혹에 빠지는 것이다.

지금의 태수나 상相들이 벼슬을 받아서 하나의 군郡에 군림한 것은 옛날의 방백方伯의 지위이다. 천자의 명을 받아 1천리 땅을 자신의 소신대로 처리하고 조정의 지시를 받지는 않는 것이다.

선善과 악惡은 자신에게 있고 자신이 몸소 행하지 아니할 뿐인데 도道가 왜 좁음이 있다고 하는 것인가?

賢良曰 현량이 말했다.

옛날에 선비를 천거함에는 시골(鄕)에서 선택하고 마을에서 뽑아 그의 재능을 논한 연후에 벼슬을 시켰고, 직무상의 임무를 수행한 연후에 관직과 녹봉을 주었습니다.

그러므로 선비는 마을에서 백성과 함께 몸을 닦고 조정에 오르거나 세상을 피해 깊숙이 숨어 행동해도 밝은 것들이 족히 드러났습니다. 옛날에는 조정과 소원하다고 해 선비를 잃지 않았고 작든 크든 공로를 버리지 않았습니다. 이 때문에 어진 이는 등용되었고 어질지 못한 자는 가려서 축출했습니다.

지금의 관리들은 재능으로 선발하지 않고, 부자들은 재물을 써 관직을 사고, 용기 있는 자는 전쟁에 나가 죽음을 걸고 공을 세웁니다.

그렇게 관리가 되어 아부하고 아첨했으며 공로가 쌓이면 경卿이나 상相에 이릅니다. 관을 쓰고 푸른 인끈을 늘어뜨리고 은으로 만든 거북을 꿰고서 죽이고 살리는 권력을 잡아 모든 백성의 생명을 멋대로 합니다.

약한 자는 마치 양을 시켜서 이리를 거느리게 하는 것과 같아서, 그것은 반드시 어지러워질 것입니다.

강한 자는 마치 미치광이에게 예리한 칼을 준 것과 같아서, 반드시 망령되게 죽이고 살리고 할 것입니다.

이 때문에 지난날의 군국郡國의 백성들은 서로를 능멸해 다스리지 못했고, 혹은 목을 자르고 죄 없는 이가 죽음에 이르러도 바르게 하지 못했습니다.

기강을 바로잡는데 도덕道德이 아니면 세상은 더욱 어지러워지고 더욱 심해질 것입니다.

옛날에는 어진 이를 봉封하고 능력이 있는 자에게 주는 녹봉이 1백 리의 땅에 불과했습니다. 1백 리의 안은 도시가 되고 경계는 50리에 불과했습니다. 이것은 마치 한 사람의 몸으로는 아무리 명철해도 능히 다 조명하지 못하고 아무리 총명해도 통달함을 다 얻지 못하는 것과 같습니다. 그러므로 경卿과 대부大夫와 사士를 세워 보좌케 해 이에 정치가 갖추어지게 되었습니다.

지금의 태수나 재상들은 옛날 제후들의 현명함이 없으면서도 1천 리를 관장하는 정사에 임하며, 한 군郡의 백성들을 다스리는 주인으로서 지극히 중요한 역할을 하는 이들입니다.

때문에 인仁한 사람이 아니면 임무를 담당하지 못하고 그런 사람이 아니면 능히 행동하지 못하는 것입니다. 1천 리가 평화롭고 어지러워지는 것은 그 사람과 함께 변하는 것이니, 가히 심사숙고해 선택하지 않을 수가 없는 것입니다.

그러므로 군주는 사사롭게 사람에게 재물은 주어도 사사롭게 사람에게 관직을 주지는 않는 것이며, 상을 내걸어 공로를 기다리고 작위를 나열해 어진 이를 기다리고 선한 이를 등용하며, 부족하고 악한 이를 원수처럼 여겨 추방해야 합니다. 공로가 없는 자는 백성을 해치기 때문입니다.

군주의 덕을 보좌하고 신하의 길을 여는 것은 어진 이를 선발해 그의 그릇에 맞게 부리고 임용하는 데 있는 것입니다.

31

위가 청렴해야 아래가 바르게 된다

大夫曰 대부가 말했다.

의사가 된 자들은 의술이 졸렬한데도 많은 사례를 요구한다. 관리가 된 자들은 선량하지 않은 데다가 또 백성들의 것을 약탈한다.

현縣의 높은 벼슬아치들은 하급 관리들을 괴롭히고, 하급 관리들은 백성들을 괴롭힌다.

그러므로 관리를 선택하는데 익숙하지 않은 것을 근심하지 않고 그들이 국가가 추구하는 바와 같지 않음을 근심하며, 관리들이 좀 부족한 것을 근심하는 것이 아니라 그들이 탐욕을 부끄러워하지 않는 것을 근심하는 것이다.

賢良曰 현량이 말했다.

옛날에 작위와 녹봉을 정함에는, 경대부는 어진 이를 윤택하게 하고 선비를 두텁게 하는 데 풍족했습니다. 사士는 자신이 향당을

232

넉넉하게 접대하는데 풍족했습니다. 백성으로서 관리가 된 자들은 그의 농사를 대신하는 수입으로 그의 녹봉이 충분하게 했습니다.

그러나 지금의 하급 관리는 녹봉이 박하고 군국郡國의 부역은 멀리는 장안(長安: 현재의 서안西安) 너머 삼보三輔에까지 이르게 되었으며 식량이 귀하고 서로가 넉넉하게 하는 데도 부족합니다.

일상생활에서도 의식이 부족하며 무슨 일이 있게 되면 가축을 팔거나 땅을 팔게 됩니다.

이것뿐만이 아닙니다. 부역을 보내는데 관청에서는 사병을 뒤쫓아가 돈을 요구하고, 관리들은 이리저리 저울질하여 돈을 빌려 주고, 높은 관리들은 이것을 빼앗습니다.

위에 있는 관청은 아래 현縣에 요구하고, 현은 향鄕에 요구하는데, 향은 어디에서 취하겠습니까?

속담에 이르기를, '뇌물이 아래로 흐르는 것은 마치 물이 아래로 흐르는 것과 같아 마르지 않으면 멈추지 않는다.'라고 했습니다.

이래서는 모든 관리들의 청렴을 얻지 못할 것입니다.

그림자를 바르게 하고자 하는 자는 자신을 단정하게 하고, 아래에서 청렴하게 하려고 하는 자는 자신부터 먼저 청렴해야 합니다.

그러므로 탐욕스럽고 비루한 것은 거느리는 사람에게 있는 것이지 아래 사람에게 있지 않는 것이며, 바르게 가르치고 훈계하는 것은 정치에 있지 백성들에게 있지 않는 것입니다.

대부가 말했다.

어질고 어질지 못한 것은 본바탕에 있는 것이고, 탐욕스럽고 비루한 것은 본성에 있는 것이다.

그러므로 군자라고 하더라도 안으로 자신을 깨끗하게 하고 저들을 가르쳐서 순결하게 하지는 못하는 것이다.

그러므로 주공周公이 관숙管叔이나 채숙蔡叔을 바르게 하지 못한 것이 아니었고, 정鄭나라의 자산子産이 등석鄧晳의 거짓을 바르게 하지 못한 것이 아니었다.

안으로 아버지나 형의 가르침을 따르지 않고 밖으로 형벌의 죄를 두려워하지 않게 되면 주공이나 자산이라도 능히 교화시키지 못하는 것은 필연인 것이다.

지금 일일이 관리들만을 꾸짖는데, 관리들에게 어찌 그의 손과 발을 묶어서 그른 일을 하지 못하게 시키겠는가?

 현량이 말했다.

말을 길들이지 못하는 것은 말을 부리는 자의 과실입니다.

백성들이 다스려지지 않는 것은 관리들의 죄입니다. 『춘추』에서도 백성을 나무라지 않고 이끄는 자를 꾸짖었습니다.

그러므로 옛날에 대부가 형벌에 임할 때에는 음악을 듣거나 여색을 가까이하지 않았고, 형벌을 확정했음에도 오히려 세 번이나 되돌아보고 탄식까지 했다고 합니다.

대부가 부끄러워 한 것은 능히 교화시키지 못하고 그를 온전하게 하지 못하고 손상시킨 것이었습니다.

정치와 교육이 제 역할을 못하여 백성들이 넘어지고 엎어지는데 붙잡지 못하는 것은 마치 벌거벗은 어린아이가 우물가에 다다라 우물로 떨어지는 것과 같이 여겼습니다. 백성들을 교화하고 그들의 의지처가 되지 못한다면 어찌 백성의 부모가 되겠습니까?

그러므로 군자는 가르치는 것은 급박하게 하고 형벌은 천천히 하는 것입니다.

형벌을 한 번 집행할 때면 모든 것을 바르게 하고 한 사람을 죽여 1만 사람을 경계하게 하는 것입니다. 이 때문에 주공이 관숙과 채숙을 처벌했고, 정나라의 자산이 등석을 처벌한 것입니다.

관리들이 바를 때에 형벌의 처단이 한 번 시행되면 백성들은 예의를 따르는 것입니다. 이렇게 되어야 위에서 아래를 교화하는 것은 마치 바람이 풀을 쓰러뜨리는 것과 같아 가르침을 따르지 않는 이가 없는 것입니다. 그런 때에 무엇 때문에 일일이 백성들을 얽어매겠습니까?

법과 형벌은 궁극적인 해결책이 아니다

大夫日 대부가 말했다.

옛날의 군자는 선한 사람은 선하게 여기고 악한 사람은 악하게 여겼다. 군주는 사나운 백성들을 기르지 않았고, 농부는 쓸모없는 싹을 기르지 않았다.

쓸모없는 새싹은 벼의 성장을 해치고, 쓸모없는 백성은 백성들을 해치는 것이다.

하나의 해로운 것을 호미질하면 많은 벼가 잘 자라고, 하나의 악을 형벌하면 모든 백성이 기뻐하는 것이다. 그래서 주공이나 공자라도 능히 형벌을 놓고 가타부타 말하지 않는 것이다.

집안에 개구쟁이 아들이 있으면 그릇들이 온전하지 못한데 하물며 교만한 백성이야 어떻겠는가?

그러므로 형벌은 백성들을 바르게 하고, 호미는 잡초와 모를 구별하기 위한 것이다.

賢良曰 현량이 말했다.

옛날에는 가르침을 돈독하게 해 백성들을 인도하고 법을 밝게 해 형벌을 바르게 했습니다. 형벌로 다스리는 것은 채찍을 사용해서 수레를 모는 것과 같은 것입니다.

재주가 있는 장인이라도 채찍이 없으면 수레를 끌지 못하지만, 뛰어난 장인은 채찍이 있다 하더라도 거의 사용하지 않는 것입니다.

성인은 법을 빌려서 가르침을 이루고, 가르침이 이루어지면 형벌은 시행하지 않는 것입니다. 그러므로 위엄으로 격려하고 형벌로 죽이지는 않으며, 형벌을 가하되 범람하지 않는 것입니다.

수많은 법과 형벌을 만들어 백성들이 그물에 빠지는 것을 기다려 형벌로써 사냥하는 것은 마치 짐승의 우리를 열어주고 독이 묻은 화살로 쏘는 것과 같은 것입니다.

증자가 말하기를, '윗사람이 그 도道를 잃어 백성들이 흩어진 지 오래이다. 만약 그 정情을 알게 되면 곧 슬퍼하고 불쌍히 여기고 기뻐하지 말아야 한다.'라고 했습니다.

백성을 다스리지 못하는 것은 슬퍼하지 않고 자신의 능력을 자랑해 간사한 것을 얻는 것은, 마치 창을 가진 자가 새나 짐승이 그물에 걸린 것을 보고 기뻐하는 것과 같은 것입니다.

지금 천하에서 처벌을 당한 자들이 꼭 관숙이나 채숙과 같이 사특한 짓을 하거나 등석처럼 거짓을 꾸며서가 아닐 것입니다.

공자께서 말씀하시기를 '사람의 불인不仁한 것을 미워하는 것이 너무 지나치면 난동을 일으키는 원인이 된다.'라고 하셨습니다.

그러므로 백성들이 어지러워지면 정사에서 반성해야 하고, 정사가 어지러워지면 자신을 반성하고, 자신이 바르게 되면 천하가 안정되는 것입니다.

이 때문에 군자는 선을 아름답게 여기고 능하지 못한 이를 애처롭게 여기고, 은혜는 형벌을 받은 사람에게도 이르고, 덕은 궁색한 지아비도 윤택하게 한다. 이 때문에 은혜를 베풀 때는 기뻐하지만 형벌을 행할 때는 즐거워하지 않는 것입니다.

33

예와 의가 있으면 삶이 넉넉해진다

 대부가 말했다.

이 세상에 살면서 재해나 유행병이 있지 않았는데도 홀로 빈궁하게 되는 것은 자신이 게으른 것이 아니라면 사치했기 때문이다.

기이한 사업이나 가외로 들어오는 것이 없는데도 부유하고 넉넉한 것은 검소한 것이 아니라면 힘써 노력한 결과일 것이다.

지금 그대가 이르기를, 은혜를 베풀 때는 기뻐하고 형벌을 행할 때는 즐거워하지 않는다고 했다.

이것은 곧 행동이 없는 사람들을 민망하게 하고, 게으르고 사치한 백성들을 기르는 것이다. 그러므로 망령되게 주는 것은 은혜가 되지 못하고 사나운 자에게 은혜롭게 하는 것은 인仁이 되지 못하는 것이다.

현량이 말했다.

성현들이 다스릴 때에는 백성들을 교육해 어지러운 것이 없었습니다.

하夏나라와 상(商: 殷)나라와 주周나라가 성대할 때에는 백성들을 교육해 어지러운 것이 없었습니다. 하은주夏殷周의 말기에 이르자 법을 따르는 백성들이 없는 것이 풍속이 되었습니다. 이 때문에 학교를 설치하고 가르쳐 교화시키는 것을 밝게 해 그 백성들을 도道로써 방어시키고, 정치와 교화의 다스림이 백성들에게 흡족하게 이르르게 하면 성품이 인仁해져 더욱 선하게 되는 것입니다.

그러므로 예의가 서게 되면 농사를 짓는 자는 들에서도 추수한 곡식을 이웃끼리 사양합니다. 그러나 예의가 무너지면 군자들이 조정에서 다투게 됩니다.

사람들이 다투게 되면 어지러워지고, 어지러워지면 천하는 균등하지 않게 되어, 혹은 가난하게 되거나 혹은 부유하게 됩니다.

부유하면 인仁이 생겨나고 넉넉하게 되면 다툼이 중지되는 것입니다.

날이 저물어 어두워지면 이웃사람이 문을 두드리고 물이나 불을 구하는데, 탐욕스런 지아비라도 인색하게 하지 않는 것은 무엇 때문입니까? 넉넉하기 때문입니다.

정사를 베푸는데 구휼하는 곡식들을 물이나 불과 같이 사용할 수 있다면 백성들에게 어찌 불인不仁한 자가 있겠습니까?

대부가 말했다.

쌍륙雙六이나 경마競馬 등 도박을 하는 무리들은 모두가 부잣집 자제들이다.

그러므로 백성들이 넉넉해지면 사치를 하고, 부유해지면 교만하고, 앉아서는 나쁜 짓을 해 생긴 재물을 스스로 얻는 것 같이 하고, 일어나서는 그른 짓을 일삼으니, 그들이 인仁한 것을 보지 못했다.

일을 할 때에는 노력하지 않고 재물을 사용함에는 절약하지 않아, 비록 재산이 물이나 불같이 흔할지라도 언젠가는 궁핍함이 그들을 기다릴 것이다.

백성들이 있는 데도 저축하지 않는 것이라면, 관리들이 비록 농사를 짓고 길쌈하는 것을 도와준다고 하더라도 백성들이 능히 만족하겠는가?

현량이 말했다.

주공周公이 성왕成王을 보좌하자 백성들이 풍요롭고 즐겁게 되어 국가에는 궁한 사람이 없었는데 농사일이나 길쌈을 대신해서가 아니었습니다.

전답을 평이하게 하고 세금 거두는 것을 적게 해 백성들이 부유했던 것입니다.

위로는 군주와 어버이를 섬기고, 아래에서는 굶주리고 추위에 떠는 걱정이 없게 되면 가르침이 이루어지는 것입니다.

『논어』에 이르기를, '이미 부유한데 또 무엇을 더하겠는가? 가로대 가르침인 것이다.'라고 했습니다.

덕으로써 가르치고 예로써 동등하게 한다면 백성들은 의義로 옮겨서 선善을 따라 집에 들어오면 효도하고 밖에 나가면 공손하게 할 텐데, 어떤 사치와 포악과 게으름이 있겠습니까?

관자가 말하기를, '창고가 가득 차면 예절을 알게 되고, 백성들이 풍족하면 영예와 치욕을 알게 된다.'라고 했습니다. 그러므로 부유한 백성들은 쉽게 예禮로 가는 것입니다.

 대부가 말했다.

천자와 백성의 관계는 인자한 아버지와 아들과 같은 것이다.

백성이 충성하는데 능히 다스려 가르쳐주지 않겠는가? 군주가 사랑하는데 능히 수고하지 않겠는가?

그러므로 봄에는 몸소 밭을 갈아서 농사를 권장하고, 어려운 사람에게 대여해 주어서 부족한 자들을 넉넉하게 해, 모여 있는 물을 통하게 한다. 가벼운 죄를 지은 사람은 내보내 백성들로 하여금 농사에 힘쓰게 해야 하는 것이다.

은혜를 입고 혜택을 입었는데도 지금 오히려 빈곤하여 그들과 함께 도道로 가기가 어려운 것들이 이와 같은 것이다.

현량이 말했다.

옛날부터 봄에는 농사짓는 것을 살펴서 부족한 것들을 보충해 주고, 가을에는 거두어들이는 것을 살펴서 넉넉지 못한 것을 보조해 주었습니다.

백싱들이 재물을 부지런히 모을 수 있게 하려면 세금을 덜어주고,

백성들이 부지런히 힘쓰게 하려면 부역을 드물게 시켰습니다. 백성들을 위해 힘을 아끼게 하려면 잠깐이라도 시간을 빼앗지 않아야 하는 것입니다.

그러므로 주나라의 소백召伯이 감당나무 아래에서 백성의 하소연을 듣고 결단한 것은 농업에 힘쓰는 데 방해가 되는 것을 없애는 것이었습니다.

지금 시절은 제때에 비가 오고 나무가 윤택한데 집안에 씨앗을 매달아 놓고 파종하지 않는다면 가을 농사는 들판이 말라서 수확을 얻지 못할 것입니다. 나라는 때에 맞추어 백성들이 마음 편히 농사에 전념할 수 있게 해야 합니다.

정사가 바르면 자연재해도 큰 해를 끼치지 못한다

대부가 말했다.

우임금이나 탕왕은 성스런 군주이고 후직后稷이나 이윤伊尹 은 어진 재상이었는데도 우임금 시대나 탕임금 시대에 홍수와 가뭄 의 재앙이 있었다. 홍수나 가뭄은 하늘이 만드는 것이고, 흉년이 들 고 풍년이 드는 것은 음과 양의 운수이므로 사람의 힘으로는 안 되 는 것이다. 그러므로 태세(太歲: 그 해의 12干支)의 수數가 양陽에 있 게 되면 가뭄이 들고, 음陰에 있게 되면 홍수가 발생하게 되는 것이 다. 6년에 한 번의 기근이 있고, 12년에 한 번의 흉년이 드는 것이다. 하늘의 도가 그러한 것이지 관리들의 죄는 아닐 것이다.

현량이 말했다.

옛날에는 정사政事를 펴는데 덕이 있으면 음과 양이 조화를 이루고 별들이 다스려지고 바람과 비가 제때에 있었습니다.

그러므로 행동은 안에서 닦고 명성은 밖으로 알렸으며 아래에서 좋은 일을 하면 하늘에서는 복으로 응했습니다.

주공周公이 자신을 닦고 교화를 행하자 천하는 태평해지고 국가에는 요행으로 죽은 자도 없었으며 해마다 흉년이 없었습니다. 이때에 비가 와도 제방이 무너지지 않았고 바람이 불어도 나뭇가지가 울지 않았으며, 10일에 한 번씩 비가 내리는데 밤에만 비가 내렸습니다. 언덕이나 계곡이나 높은 곳이나 낮은 곳이나 할 것 없이 모두 곡식이 잘 익었습니다.

『시경』의 소아 대전편의 시에 이르기를 '하늘에 뭉게구름 피어 비 촉촉이 내리네.'라고 했습니다. 지금 그러한 바를 살피지 않고 '음과 양의 운수'라고 이르는 바는 듣지 못했습니다.

맹자가 이르기를 '들에는 굶어 죽은 시체들이 있는데 거두어들여 수습할 줄을 알지 못하고 개와 돼지가 사람이 먹는 것을 먹어도 거두어들이지 않으며, 백성들의 부모가 되어서 백성들이 굶주려 죽는데도 곧 이르기를 내가 한 것이 아니라 세월이 한 것이라고 했으니, 칼로 사람을 찔러 죽이고 곧 이르기를 내가 한 것이 아니라 칼이 한 것이라고 한 것과 무엇이 다르겠습니까?'라고 했습니다.

지금 힘써야 할 일은 굶주림과 추위의 근심을 없애는 것에 있는 것입니다.

소금이나 철의 전매를 폐지해 권세가의 이익을 물리치고, 토지를 분배하고 본업인 농사를 짓게 하고, 잠업과 방직을 육성시켜 땅의 힘을 다하게 해야 하는 것입니다.

관리들의 공로를 적게 하고 사용을 절약하게 하면 백성들은 스스로 부유해질 것입니다. 이와 같이 하면 홍수나 가뭄은 능히 근심하지 않게 되고 흉년에도 누가 되지 않을 것입니다.

大夫日 대부가 말했다.

의논하는 자들의 말은 간략하면서 가리키는 뜻이 명확해야 모든 사람이 듣기 좋은 것이며, 번잡한 문구나 잡다한 말을 피하는 것을 귀하게 여기는 것이다. 말이 많으면 관리들이 풍속을 교화하는 데 잔소리처럼 방해가 되는 것이다.

도주공陶朱公은 자신의 부유한 삶만을 위해 농업과 상업의 길을 다르게 했지만, 한 집안의 계획된 일로 삶을 다스리는 도가 이에 갖추어진 것이다.

지금 천자께서 농기구를 주조해 백성들로 하여금 농업에만 힘쓰게 하고 상공업은 경영하지 않게 한다면 굶주리거나 추위에 떠는 괴로움은 없을 것이라고 한다. 소금이나 철의 전매가 무엇에 해롭다고 폐지하라는 것인가?

賢良日 현량이 말했다.

농업이란 천하의 거대한 사업입니다. 쇠로 만든 기구는 백성들이 널리 사용하는 것들입니다. 기구의 사용이 편리하면 힘을 쓰는 것이 적어도 많은 수확을 얻게 되어 농부는 일을 즐기고 노력을 권할 것입니다. 사용하는 기구가 갖추어지지 않으면 전답은 황폐해지고 곡식은 번식하지 않을 것이며, 힘을 쓰는 데 비해 공은 적어서 결과는 절반뿐일 것입니다. 기구가 편리한지 불편한지에 따라 그 결과가 열 배 또는 갑절이 되는 것입니다.

조정에서 철을 불려 만든 철 기구는 대부분 큰 기구들입니다. 그래서 농사짓는 인원수에 맞도록 힘써도 백성들은 사용하기가 넉넉하지 않습니다.

백성들이 무디고 낡은 것을 사용하므로 힘은 들고 일은 더뎌지고 풀조차 베지 못합니다. 이 때문에 농부들은 얻는 것이 적으므로 전체 백성들이 괴로워하는 것입니다.

大夫曰 대부가 말했다.

그들을 돕는 일꾼이나 기술자들은 날마다 관청에서 공적인 일을 하는데, 재물의 사용이 넉넉해야 하고 기구를 사용할 수 있게끔 갖추어야 한다.

철을 생산하는 집안에서 날짜를 급히 해 만드는 데 힘쓰더라도 쇠를 주조함에 쇠가 잘 제련되지 않으면 단단함과 부드러움이 조화되지 않게 된다.

그러므로 관리는 소금이나 철을 총괄해서 그 사용하는 것을 같게 하고 그 가격을 공평하게 해 백성들의 공적인 것과 사적인 것들을 편리하게 만들어야 하는 것이다.

비록 순임금의 우虞나라나 우임금의 하夏나라의 다스림이 되더라도 이를 바꾸지는 못할 것이다.

관리는 교육을 밝게 하고 공인들은 그의 일을 성취시키면 굳센 것들과 부드러운 것들이 조화되어 기구의 사용이 편리하게 된다.

이렇게 되면 백성에게 무슨 괴로움이 있겠는가? 농부에게도 무슨 고통이 있겠는가?

賢良曰 현량이 말했다.

지난날 백성들이 세금을 내고 쇠를 불리고 소금을 달여 만들 때에는 소금이나 오곡五穀의 가격이 동일했고, 농기구는 조화되고 예리해 사용하는 데 알맞았습니다.

지금의 관청에서 제작하는 철기는 잘못 만들어지고 가격은 비싸며, 소금을 만드는 일꾼들의 잦은 교체로 그들은 힘써 소금을 만드는 데 전력을 다하지 않습니다.

지난날 가정에서는 아버지와 아들이 함께 좋은 그릇을 만드는 데 힘써 좋지 않은 기물들은 집합하지 않았습니다. 농사철이 되면 수레를 끌고 농지가 있는 사잇길까지 가서 진열했습니다. 백성들은 서로 시장에서 매매하는 것과 같이 재물은 오곡으로 얻거나 새로운 화폐로 교환하기도 했습니다. 혹은 때마다 백성들에게 빌려 주기도 해 농업을 버리지 않게 했습니다. 전담의 기구를 두고 각자가 원하는 바를 얻게 했습니다. 관청에서는 여자 죄수를 시켜 도로나 교량을 보수하게 해 백성들이 활동하는 데 편리하게 했습니다.

지금은 그 근원을 총괄하고 그 가격을 동일하게 하며, 기물들은 단단하지만 모두 쓸모가 없어 좋은 것과 나쁜 것을 가리지 못하는 것입니다.

관리가 자주 자리를 비워 기구를 얻기가 어렵습니다. 가인家人들은 많이 저장하지 못하지만, 또 많이 저장해 놓으면 녹이 날 뿐입니다.

기름칠을 하는 데 날을 보내고 먼 고장에 농기구를 판매하려면 좋은 때를 넘기게 됩니다. 소금이나 철은 가격이 비싸서 백성들이 불편합니다.

가난한 백성들은 혹은 나무로 밭을 갈고 손으로 김을 매고 씨앗을 뿌립니다.

철관鐵官에서 기구를 판매하는데 팔리지 않게 되면 때에 부역을 명령해 판매를 돕도록 합니다.

백성들을 징발하는 데는 한도가 없고 부역을 대신하는 것도 번잡할 뿐입니다. 그러므로 백성들이 고통스러워합니다.

옛날에는 1천 호의 봉지封地인 읍이나 1백 대의 수레를 낼 수 있는 집안에서는 도공陶工이나 야금공冶金工이나 공인工人이나 상인 등의 네 부류의 백성들이 구하는 것은 서로 교환해 사용했습니다.

그러므로 농민은 밭두둑을 떠나지 않아도 전답의 기구는 풍족했고, 공인은 산에서 나무를 자르지 않아도 재목이 풍족했고, 도공이나 야금공은 밭을 갈지 않아도 곡식이 풍족해, 백성들 각자가 그들의 편리한 것을 얻어 위에는 일이 없었습니다.

이 때문에 왕자王者는 근본인 농업에 힘쓰고, 말단인 상업이나 공업을 일으키지 않아 현란한 것들을 버리고 조잡한 것들을 제거하고, 예로써 백성들을 적시고 질박한 것으로써 백성들에게 보였습니다. 이 때문에 백성들은 농업에 힘쓰고 말단인 상업이나 공업을 경영하지 않았던 것입니다.

35

나라에 어진 선비가 있으면 국가는 강건해진다

大夫曰 대부가 말했다.

몸을 기대는 방석과 앉거나 일어날 때 짚는 지팡이, 상 위에 술잔과 도마를 준비하는 것은 손님을 위한 것이요 주인을 위한 것이 아니다.

눈부시게 광채가 나는 진귀한 보물들로 궁궐을 장엄하게 하는 것은 사방의 오랑캐 사신들에게 보이기 위해 진열하는 것이지 백성들을 위한 것은 아니다.

집안에 손님이 있으면 광대들을 불러 기묘한 변화의 즐거움을 있게 하는 것인데, 하물며 천자에게 있어서야 어떻겠는가?

그러므로 깃으로 장식한 깃대를 배열하고 군마를 늘어서게 하는 것은 군대의 위엄을 보이는 것이고, 기이한 짐승이나 진귀한 보배는 천자가 밀고 넓은 땅을 품는 것을 보여 성대한 덕을 밝혀서, 멀리 있는 국가에 이르지 아니함이 없는 것을 보이는 것이다.

賢良曰 현량이 말했다.

임금은 예의를 숭상하고, 덕을 베풀며, 인의를 최상으로 치고, 괴이한 힘은 천시해야 하는 것입니다.

그러므로 성인께서는 예가 아닌 것으로 다스리려는 모든 형태에 관해 단절시키고 말씀하지 않았습니다.

공자께서 말씀하시기를, '말이 성실하고 믿음이 있으며 행실이 돈독하고 공손하면 비록 만족이나 맥족 같은 오랑캐의 나라에서도 버려지지 않을 것이다.'라고 하셨습니다.

지금 먼 곳에 있는 온갖 나라의 군주가 예물을 받들어 바치는 것은 천자의 성대한 덕을 품고 중국의 예의를 보고자 하는 것입니다.

그러므로 명륜당明倫堂과 학교를 설치해 덕을 보이고 예를 밝혀서 그들을 깨우쳐 주어야 하는 것입니다.

지금 먼 곳에서 조공하는 쓸모없는 기구들과 진귀한 노리개나, 기이한 벌레와 기후가 맞지 않아 기르지 못할 짐승들이나, 광채 나는 현란한 물건을 진열하고 자랑하는 것은 지난날 주공이 먼 지방을 대접하는 것과는 다른 것입니다.

옛날에 주공은 겸손하게 처신해 선비들에게 자신을 낮추었고, 예를 가지고 천하를 다스려 월상越裳씨의 예물을 공손하게 사양하는 예를 보였습니다.

또한 주공은 각국의 사신과 예절을 마친 뒤에는 함께 문왕文王의 사당에 들어갔는데 이것은 거대한 효도의 예를 보인 것입니다.

눈으로는 위엄 있고 절도 있게 도끼와 방패를 들고 추는 간척干戚을 함께 관람하고, 귀로는 『시경』에 나오는 맑은 노래인 아雅와 송頌의 음악을 함께 들었습니다.

그리하여 각국의 사신이 마음에 지극한 덕을 느껴 감동하여 돌아가게 했습니다.

이것은 사방의 오랑캐가 의를 사모하고 중국을 어버이 나라로 섬기게 하는 바이고, 거듭 통역을 거치지 않고 오랑캐들을 덕으로 다스려 천하가 평화로워지는 것입니다.

조공으로 바치는 것 가운데 우리가 귀하다고 하는 물소, 코끼리, 코뿔소, 호랑이는 남이(南夷: 남쪽 오랑캐)에 많은 것들입니다. 노새와 나귀와 낙타는 북적(北狄: 북쪽 오랑캐)에서 항상 기르는 것입니다.

중국에서는 드문 것을 외국에서는 흔하게 여깁니다.

남월南越에서는 공작새를 개처럼 문에 걸어 놓고, 곤륜산崑崙山 근처에서는 아이들이 옥돌을 까마귀나 까치에게 던집니다.

지금 중원 사람들은 오랑캐들이 천하게 여기는 바를 귀하게 여기고, 남에게 풍요한 것들을 진귀하게 여기는 것은 나라의 위상을 두텁게 하고 성대한 덕을 밝히는 것이 아닙니다.

밤에 빛이 나 책을 볼 수 있다는 수후隨侯의 귀한 야광주 구슬과 최상의 화씨和氏의 벽옥은 세상에서 이름난 보물인데도 나라가 안전하지 못하면 위태하고 그런 보물도 멸망하는 것을 막지 못했습니다.

그러므로 폐하께서 덕을 깨닫게 하고 위엄을 보인다면 오직 어진 신하와 어진 재상이 조정에 가득 있을 뿐이지, 먼 나라의 개나 말이나 진귀한 보물에 덕이 있지는 않는 것입니다. 이 때문에 성왕은 어진 이를 보배로 삼고 구슬이나 옥을 보배로 삼지 않는 것입니다.

옛날에 제나라의 재상 안자晏子는 제나라 실정을 떠 보려는 진晉나라 사신 범소의 뜻을 알아차려, 연회의 석상을 떠나지 않았기에 나라 땅을 지켰습니다.

능력이 없는 자는 비록 수후의 구슬이나 화씨의 벽옥이 상자 속에 가득하더라도 국가의 존망에는 보탬이 되지 않는 것입니다.

 대부가 말했다.

안자晏子는 제나라에서 영공靈公과 장공莊公과 경공景公 등 세 군주의 재상이었다.

제나라 대부 최저崔杼와 경봉慶封 등이 반란을 일으켜 장공을 시해하고 경공을 세워 놓고, 무도하게 군주를 위협하고 국가를 어지럽혀 영공 때에는 수도인 임치臨菑가 포위당했다.

경공 때에는 진晉나라가 공격하여 수도垂都 땅을 빼앗겼고, 임치도 빼앗겼으며, 변방의 읍은 줄어들고 성곽은 불탔다.

궁실이 무너지고 보배로운 기물들을 다 빼앗겼는데 무엇을 절충하여 능히 침략자들을 꺾었겠는가? 이러한 것으로 보면, 현량이 말하는 현인을 보배로 여겨야 된다는 것은 나라의 이익과 관계없는 것이다.

 현량이 말했다.

관중이 노나라를 떠나 제나라로 가자 제나라는 패자가 되고, 노나라는 많은 땅을 빼앗겼습니다. 땅이 삭감된 연유가 관중이 노나라의 백성들을 데리고 제나라로 돌아간 것은 아니었습니다.

오자서伍子胥는 활 하나 가지고 오나라의 합려闔閭에게 간구해 초나라를 깨부수고 초나라의 수도인 영郢으로 쳐들어갔는데, 오자서가 군대를 등에 지고 오나라로 간 것은 아니었습니다.

그러므로 어진 이가 있는 곳은 국가의 국력이 강건해 중요해지고, 떠나게 되면 국가는 가벼이 여겨져 위태한 것입니다.

초나라에는 대부 자옥득신子玉得臣이 있어 진晉나라의 문공文公이 좌불안석했고, 우虞나라에 강직하고 철저한 충신 궁지기宮之奇가 있어서 진晉나라의 헌공獻公이 편안하게 여기고 잠을 자지 못했습니다.

어진 신하가 있는 곳은 통행을 금지하거나 열었다 막았다 하지 않습니다.

그러므로 『춘추』(해설서)에 이르기를, '산에 호랑이나 표범이 있게 되면 잘 익은 해바라기가 있어도 따 가지 않고, 국가에 어진 선비가 있으면 국경이 피해를 입지 않는다.'라고 했습니다.

36

덕이 성대하면 천하가 평안해진다

 대부가 말했다.

속담에 이르기를, '어진 이를 용납하면 욕되지 않는다.'라고
했다.

세속의 말에는 시골구석에 걸출한 이가 있으면 사람들이 오히려
피한다고 했다.

지금 명철하신 천자께서 위에 계신데도 흉노들이 공공연히 도둑
질을 하고 변방을 침략해 요란스럽게 한다. 이것은 인의를 범하고
해바라기(인仁을 비유)를 베어 가는 것이다.

옛날 주周나라 문왕의 할아버지인 태왕太王 때 북쪽 오랑캐 적인狄
人이 침략했고, 자기들을 핍박했던 노나라 양호가 다시 쳐들어오는
줄 알고 광匡 땅의 사람들이 공자를 위협했다.

그러므로 불인不仁한 자는 인仁의 도적인 것이다. 이 때문에 천자
께서는 무력을 권장해 불의를 토벌하고 기계를 설치해 불인한 자들

을 대비케 한 것이다.

 현량이 말했다.

흉노들은 사막 가운데의 농사도 지을 수 없는 땅에서 살아 하늘이 천하게 여겨서 버린 것입니다.

그들은 제사를 모시고 거처할 수 있는 집이나 남자와 여자의 구별이 없으며, 넓은 들을 마을로 삼아 천막으로 집을 만들며, 짐승의 가죽을 옷으로 입고, 거칠게 육식을 하고 짐승의 피를 마십니다. 시장에 모여서 짐승들을 교환하며 목동으로 생활하는 자들로 중국의 사슴 떼와 같을 뿐입니다.

일을 만들기 좋아하는 신하들은 그들에게 의義를 요구하고 예의로써 책하거나 중국의 무기들을 사용하였으나 지금에 이르러도 약탈은 종식되지 않고 만 리의 변방을 경계해야 했습니다. 이것은 『시경』의 토저의 시에서 풍자한 것입니다.

그러므로 소인들은 공후公侯의 심복일 수는 있으나 국가의 기둥은 아닌 것입니다.

 대부가 말했다.

천자는 천하의 부모이다. 사방의 백성들이 의義로써 천자의 신하가 되기를 원하지 않는 자는 없다.

그러나 오히려 성곽을 보수하고 관문이나 다리를 설치하고 무사들을 격려하며 궁실을 호위해 대비하는 것은 미래에 닥쳐올 어려운 것들을 꺾고 만방을 방비하기 위한 것이다.

지금 흉노는 신하가 되지 않았다. 비록 일이 아직 벌어지지는 않았다고 하나 준비를 하지 않는다면 어찌 되겠는가?

賢良曰 현량이 말했다.

오나라의 왕이 월나라에 사로잡히게 된 바는 그가 가까이 있는 월나라는 놓아두고 멀리 있는 초나라를 공격했기 때문입니다. 진秦나라가 망하게 된 바는 밖으로는 호胡와 월越을 대비하였지만 안으로는 바른 정치가 없었기 때문입니다.

군사를 밖에 사용하고 안에서 정사가 무너지면 군주가 근심하는 바는 곱절로 더해지는 것입니다.

그러므로 군주가 도를 얻으면 먼 곳, 가까운 곳 할 것 없이 모두가 행하여 돌아오는데 문왕文王이 그런 분이었습니다.

반대로 군주가 도를 얻지 못하면 신하들이 도적이 되는데, 진시황이 이런 자입니다.

문文이 쇠약하면 무武가 기승을 부리지만, 덕이 성대해지면 천하에 대비해야 하는 것이 적게 되는 것입니다.

大夫曰 대부가 말했다.

지난날에 사방의 오랑캐들이 모두 강성해 함께 떼를 지어 모질게 굴었다.

조선朝鮮이 변방을 넘어와 연燕나라의 동쪽 땅을 겁탈했다.

동월東越이 동해東海를 넘어와 절강浙江의 남쪽을 약탈했다.

남월南越이 안으로 침략해 복령服令을 어지럽혔다.

곤명昆明의 무리를 포함한 서쪽 오랑캐들은 농서隴西와 파巴와 촉蜀을 소란스럽게 했다.

지금 세 곳의 변방이 이미 평정되었고 오직 북쪽의 변방이 평정되지 않았다.

한 번 군사를 일으키면 흉노들도 두려워하는데 중국 밖의 대비를 풀고 어떻게 변경의 침탈을 적게 할 수가 있겠는가?

賢良曰 현량이 말했다.

옛날에 군자는 인仁을 세우고 의義를 닦아 그의 백성들을 편안하게 했습니다. 그러므로 가까이 있는 자는 선을 익혔고, 멀리 있는 자는 순종했습니다.

이 때문에 공자께서는 노나라에서 벼슬해 처음 3개월 동안에는 제나라와 화평을 이루었고, 뒤에 3개월 동안에는 정나라와 화평을 맺어 덕으로 힘써 가까운 이를 편안하게 하고 먼 곳을 편안하게 했습니다.

이때에 노나라에는 적국의 난리나 국경 이웃의 근심이 없었습니다. 강력한 신하들도 마음을 바꿔 충성으로 따랐습니다.

그러므로 계환자季桓子가 자신의 도성의 벽을 무너뜨려 공자의 뜻에 따랐습니다.

큰 나라들은 의를 두려워하고 화친을 맺었으며, 제나라는 점령했던 운鄆과 훤讙과 귀음龜陰의 전답을 돌려보냈습니다.

그러므로 정사를 하는 데는 덕으로써 해 홀로 해로운 것을 물리치고 절충했을 뿐만 아니라 바라지 않던 것들도 저절로 얻게 되었습니다.

지금 현실은 안으로는 백성들의 원망하는 소리가 들리고, 나라의 밖 변경이 편안하지 않습니다.

물론 흉노에게 허물이 있는 것입니다만, 떠돌아다니는 그들은 안으로는 집을 지킬 이유도 없고, 밖으로는 농사를 지을 터전이 없고 농사지을 마음도 없습니다. 흉노는 단지 좋은 풀이나 맛이 단 물을 따라 가축을 몰며 기르는데, 흉노가 이런 일을 바꾸지 않는다면 중국에는 항상 소동이 있을 것입니다.

그들은 바람처럼 합했다가 구름처럼 흩어지고, 나아가면 도망치고 공격하면 흩어져서 일평생 동안 굴복시키지 못할 것입니다.

大夫曰 대부가 말했다.

옛날에 현명한 왕은 포악한 자를 토벌하고 약한 사람을 보호해 기울어지는 곳을 안정시키고 위태한 곳을 붙잡아 주었다.

허약한 국가를 보호하고 위태한 나라를 붙잡아 주면 작은 나라의 군주는 기뻐한다.

포악한 자를 토벌하고 기울어지는 국가를 안정시켜 주며 죄 없는 사람들을 풀어 주면 인심이 따라 붙게 된다. 지금 오랑캐를 정벌하지 않으면 포악스런 것들의 침략이 종식되지 않는다. 방비하지 않는다면 이것은 백성들을 적에게 맡기는 것이다.

『춘추』에서는 정벌에 뒤늦게 참여하는 자들을 폄하했고, 수자리를 마치지 않는 것을 비난했다. 사역을 행하고 수자리를 대비하는 것들은 예부터 있는 것이지 유독 지금에만 있는 것은 아니다.

현량이 말했다.

흉노의 땅이 광대하고 군마의 발은 매우 빨라서 그 세력들이 쉽게 변방에 소동을 일으키는 것입니다.

날랠 때에는 호랑이도 끌고 가고 피곤할 때에는 새처럼 꺾여 날카로운 칼날을 피하고 우리 군대가 피곤에 지치면 뒤를 치고 약탈합니다.

소규모의 군사를 발동시키면 대적하기에 부족하고, 대규모의 군사를 발동시키면 백성들은 수자리 부역을 감당하지 못합니다.

부역이 번거로우면 나라의 힘이 피로해지고, 사용하는 것이 많아지게 되면 나라가 궁핍하게 되는 것입니다. 부역과 궁핍 두 가지가 종식되지 않으면 백성들의 원망이 있게 됩니다. 이것이 진秦나라에서 백성들의 마음을 잃고 사직이 무너진 까닭입니다.

옛날에는 천자의 영지는 중원의 사방 1천 리였고 부역은 5백 리까지였으며, 승리의 소식은 서로 말로 전해 듣고 질병에는 백성들이 서로를 구휼했습니다.

수자리 때를 피하고 넘기는 군사도 없었고 때를 지나치는 부역도 없었습니다.

안으로는 백성들의 마음을 절제시켜서 일이 그의 힘에 적당하도록 했습니다.

이 때문에 행하는 자는 근무에 충실함을 권장했고 머무르는 자들은 사업하기에 편안했습니다.

지금 군마軍馬와 갑옷을 입고 먼 변방에서 수자리를 사는 군사들은, 멀고 먼 곳인 북쪽 호胡와 남쪽 월越에 있으므로 마음으로 늙은 어머니와 가족을 그리워하고 있습니다.

늙은 어머니는 눈물을 흘리고 집안의 부인들은 비통해하며 남편의 굶주림과 갈증을 떠올리고, 그 춥고 덥고 참기 힘든 고통을 생각합니다.

『시경』소아 채미편 시에 이르기를, '옛날 내 떠날 적에는 버들잎이 파릇파릇했는데/ 지금 내 돌아와 보니 진눈깨비 심하게 내리네./ 가는 길 멀고멀어 목마르고 배고픔뿐이네./ 내 마음 아프고 슬픈 것을 그 누가 알아줄까?'라고 했습니다.

이에 나라를 다스리는 성인들은 백성들을 불쌍하게 여기고, 그들이 부모와 처자를 떠나 변방의 들판에서 비바람을 맞으며 춥고 고통스런 땅에서 오래도록 지내는 것을 미안한 마음으로 바라보았습니다.

또 봄에는 국경에 신하를 파견해 군사들을 위로하며 하사품을 보내고, 부역하는 백성들을 애처롭게 여겨 많은 이들을 선발해 늙은 어미와 가족들을 위로하게 했습니다.

그러나 지금은 덕으로 베푸는 천자의 은혜가 매우 두터운데도, 관리들은 조서를 받들어 살피고 구휼하는 데 게을리 하고, 함께 시장을 만들어 이익을 꾀하고 있습니다.

그러므로 변방의 군사들은 군기를 잃고 고향의 늙은 어미와 처자식들은 나라에 원한을 품는 것입니다.

지금 천하는 백성들의 뜻을 얻지 못해 하늘에 원성이 쌓이고 있습니다.

『춘추』에서는 백성들을 동원한 것을 기록하고 있는데, 이는 백성들을 중요하게 여긴 것을 보여주는 것입니다. 송나라가 장갈長葛을 포위한 것도 오랜 기간의 부역을 비난한 것입니다. 군자는 마음을 씀에 있어 반드시 이와 같이 해야 하는 것입니다.

현량의 말을 들은 대부가 침묵하고 대답하지 않았다.

성현의 도는 멀리 있지 않다

丞相曰 승상이 말했다.

선왕들의 도는 잃어버린 지가 오래 되어 회복하기가 어렵고, 현량이나 문학들의 말은 깊고 멀어 행하기가 어렵다.

선비들은 도에 합당한 성인의 고상한 행동만을 일컫고, 지극한 덕의 아름다운 말만을 이르지만, 지금의 세상이 돌아가는 판세에는 적합하지 않다.

원컨대 폐하께서 오늘 이 논의를 명하신 것은 지금 당장 나라를 다스리는 데 급히 힘쓸 것을 듣고자 하는 것이다.

백성들 모두가 의식이 풍족하고 궁핍한 근심이 없어야 한다.

바람과 비가 제때에 있고 오곡이 잘 익고 곡식을 해치는 벌레가 발생하지 않아야 한다.

또한 천하가 편안하고 즐거우려면, 도적은 일어나지 않고 유랑하는 백성들은 각자 고향의 전답으로 돌아가야 한다.

관리들은 모두 청렴하고 바르며 공경히 직분을 받들어야 하며, 모든 백성이 각각 그의 도리를 얻어야 하는 것이다.

賢良曰 현량이 말했다.

맹자가 말하기를, '요임금이나 순임금의 도는 사람에게 먼 것이 아니라 사람들이 생각하지 않을 뿐이다.'라고 했으며, 『시경』의 주남 관저편에는, '생각해도 얻지 못하니 자나 깨나 또 생각하네.'라고 했습니다.

도를 구하는 마음을 관저의 시와 같이 하고, 덕을 좋아하는 것을 『시경』 하광편의 시처럼 한다면 어디인들 건너지 못하고 어디인들 구하지 못하는 것이 있겠습니까?

그러므로 '높은 산을 우러러보고 큰길을 가야 하네.'라고 한 것은, 비록 도에 미치지는 못했으나 도를 떠남이 멀지 않았다는 것입니다.

어진 이를 생각하고 능력 있는 이를 사모하며 선을 따라 부단히 노력하면, 성왕成王이나 강왕康王 시대의 풍속이 이루어질 수 있고, 당唐의 요임금이나 우虞나라의 순임금의 도에 가히 이를 것입니다.

승상께서 생각하지 않았을 뿐이지 성현의 도가 어찌 멀리 있겠습니까?

『춘추』의 전傳에, '여予는 쌓은 것이다.'라고 했습니다. 그러므로 흙이 쌓이면 산이나 언덕을 이루고, 물이 모이면 강이나 바다를 이루고, 선한 행적이 쌓이면 군자가 이루어지는 것입니다.

공자께서 말씀하시기를, '나는 하광(河廣:『시경』 하광편)의 시에서 덕의 지극함을 알았다.'라고 하셨습니다.

덕스럽고자 한다면 각자가 근본으로 돌아가 옛날로 돌아가도록 할 따름입니다.

옛날에는 부역을 행해도 계절을 넘기지 않아 봄에 행하면 가을에 고향으로 돌아오고, 가을에 행하면 봄에 돌아와 춥고 더운 것들이 변화되지 않았고 의복을 바꾸지 않고 돌아올 수 있었습니다.

부부는 제때를 잃지 않아 정을 잃지 않았고, 백성들의 삶은 편안한 것에 적당했습니다.

송사가 공평했고 형벌이 마땅함을 얻어 음과 양이 조화를 이루고 바람과 비가 제때에 불고 내렸습니다.

나라에서는 까다롭고 요란스럽게 다스리지 않았고, 아래에서는 번거롭게 수고하지 않았습니다.

백성들 각자가 생업을 닦고 본성을 편안하게 하니 농작물의 해충들이 발생하지 않았고 수해와 가뭄이 일어나지 않았습니다.

세금을 덜어 주고 농사의 시기를 잃지 않게 하면, 백성들은 풍족하고 유랑하는 백성들은 그의 전답으로 돌아가게 되는 것입니다.

위에서 깨끗해지고 욕심이 없게 되면 아래에서는 청렴해지고 탐하지 않게 되는 것입니다.

지금 부역은 지극히 멀고 춥고 고통스러운 땅에서 위태한 곳을 지켜야 하고, 호胡와 월越의 지역을 지나 머나먼 변방에서 금년에 가면 내년에야 돌아오니, 부모는 목을 빼고 서쪽만을 바라보며, 남녀가 이별을 슬퍼하고 서로를 그리워합니다.

『시경』의 당풍 보우의 시에 이르기를, '나랏일에 쉴 틈이 없어 찰기장, 메기장도 못 심었네. 부모님께서는 무엇을 믿고 사실까?'라고 했습니다.

또 소아 소명의 시에 이르기를, '저 고향 벗을 생각하니 눈물이 비오듯 하네. 어찌 돌아갈 마음 없으랴. 이 죄가 두려워서네.'라고 했습니다.

관리는 법을 받들어 살피고 백성들을 위로하지 않고, 공인의 임무를 배신하고, 사리사욕으로 각각 자기 몫의 권세로 배를 채웁니다.

백성들은 수심과 고통으로 나라를 원망합니다. 위에서는 다스리고 구제하지 않고 그럴수록 관리들의 폭정이 행해지고, 이제 안과 밖 사방에서 나라의 존망을 흔드는 사특한 기운이 일어났습니다.

사특한 기운이 일어나게 되면 농작물을 해치는 벌레들이 생기고 수재나 가뭄이 일어나는 것입니다.

이와 같이 되면 비록 기도하며 제사를 올리고 빌어 기우제를 지내고 온갖 신에게 시도 때도 없이 제사 지내는 일을 한다고 하더라도, 어찌 능히 음과 양을 조화시켜 나라를 훔치려는 도적들을 종식시키겠습니까?

 대부가 말했다.

맹인은 입으로는 능히 흰 것과 검은 것을 말할 수 있으나, 눈으로는 분별하지 못한다.

유자(儒者: 유학자)들은 입으로는 능히 잘 다스려진 것과 어지러운 것을 말할 수는 있으나, 행동하지는 못한다.

대저 앉아서 말만 하고 행동하지 않게 되면 가축을 치는 목동이라도 천하장사 오획烏獲처럼 큰 힘이 있다고 거짓말을 할 수 있고, 하찮은 사람이라도 요임금이나 순임금의 덕을 갖추었다고 할 수 있다.

그러므로 말한 것들이 행동에 가까워지면 유학자들이 어찌 어지럽게 된 것이나 잘 다스려진 것을 걱정할 것이며, 맹인이 어찌 흰 것과 검은 것을 근심하겠는가?

공자께서 말씀하시기를, '말을 함부로 하지 않는 것은 자신의 행동이 미치지 못할 것을 부끄럽게 여기기 때문이다.'라고 했다.

그러므로 직위가 낮으면서 고상한 말을 하고, 말은 잘하면서도 능히 행동하지 못하는 자를 군자는 부끄럽게 여기는 것이다.

賢良曰 현량이 말했다.

나라를 위해 말은 잘하는데 능히 행동하지 못하는 자는 국가의 보배이고, 능히 행동하지만 말을 잘 못하는 자는 국가의 인재입니다. 이 두 가지를 겸한 자는 군자입니다.

한 가지도 없는 자들은 목동이나 하찮은 사람인 것입니다.

말이 천하에 가득하고 덕이 온 세상을 덮은 사람은 주공周公과 같은 성인聖人인 것입니다.

입으로는 말을 하고 몸으로 행동하는데, 어찌 묵묵히 시체를 수레에 싣고 가는 것과 같이 할 따름이겠습니까?

일을 집행하는 자가 무슨 근심이 있으며 무슨 부끄러움이 있겠습니까?

지금은 세상의 도道가 크게 일어나지 않아 사람들은 작은 이익에만 힘쓰고 급하지 아니한 것만을 사모해 모든 사람의 뜻을 어지럽게 합니다. 그러나 군자는 비록 가난하더라도 그런 시류에 영합하지 않습니다.

맛이 쓴 약주藥酒는 병에 이롭고 바른 말은 국가를 다스리는 약이
되는 것입니다.

대부께서 능히 넓은 마음을 가지고 스스로를 인내하여, 문학들의
지극한 말을 받아들여 관리들의 권세와 사리사욕만을 채우는 병폐
를 제거하고 백성들에게 다스림의 복덕이 온전히 돌아가게 하고, 주
공周公이 천하를 다스린 도에 따라 세상을 다스린다면 나라의 공덕
을 노래하는 소리가 천하에서 일어날 것입니다.

세상이 이러하다면 유학자들이 어찌 세상을 근심하겠습니까?

38

문학과 현량, 논쟁에서 승리하다

 대부가 말했다.

법을 지키지 않는 백성들은 공공의 이익을 빼앗고 산이나 연못을 제멋대로 하고자 했다. 문학이나 현량들의 의견을 따른다면, 모든 이익이 아래의 백성들에게 돌아가고, 관청에서는 할 일이 없게 될 것이다.

그대들은 위에서 하는 것들을 그르다고 하고, 위에서 말하는 바를 비난하며 오로지 위를 손상시키고, 백성들을 따르라며 군주를 망가뜨리고 신하에게 돌아가게 한다면 어떻게 위와 아래의 의義와 군주와 신하 간의 예禮를 얻겠는가? 어떻게 천하를 찬양하는 노래가 능히 만들어지겠는가?

현량이 말했다.

옛날에는 위에서 취하는 것이 적당한 양이 있었고, 백성들도 스스로 기르는 법도가 있어서 풍년이 든 해에는 도둑이 없었고, 흉년이 들면 세금을 연기해주었습니다.

백성들의 나라를 위한 부역도 1년에 3일을 넘지 않았습니다.

세금을 거두어들이는 것 또한 10분의 1일에 지나지 않았습니다.

군주는 백성을 지극히 사랑하고 신하는 힘을 다했으며 위와 아래가 서로 양보해 천하가 화평해졌습니다.

『시경』 주송의 희희편에, '각각 그대들의 밭을 갈라.'라고 한 것은 나라에서 아래 백성에게 양보한 것입니다.

『시경』 소아 대전편에 보면, 나라 살림을 위해 경작하는 땅〔公田〕에 먼저 비가 내리길 바라고, 그 다음에 '나의 밭에도 내려주오.'라고 한 것은 공적인 직분을 우선한 것입니다.

맹자가 말하기를, '인仁하고 그의 어버이를 버리거나, 의義롭고 그의 군주를 뒤에 있게 한 자는 있지 않았다.'라고 했습니다.

군주가 군주답고 신하가 신하다우면 어찌 그 예의가 없다고 하겠습니까?

주나라의 말기에 이르러 덕의 은혜로움이 막히고, 군주가 즐겨 탐하는 것만이 많아지고 사치하기 위해 구하는 것이 많아지자, 백성들은 아래에서 곤궁해지고 신하와 관리들은 게을러지고 탐욕스러워졌습니다. 이때에 농부가 농사지으러 갈 때에 밭두둑을 밟는 것에 대한 어처구니없는 세금까지 만들었습니다.

위衛나라 영공靈公이 대단히 추운 겨울에 백성을 동원해 연못을 파자 바른 신하 해춘海春이 간해 말하기를, '하늘의 추위가 백성들을 얼어 죽게 하니 원컨대 공께서는 부역을 파하십시오.'라고 했습니다. 이에 영공은 말하기를, '하늘의 추위에 난들 어찌 춥지 않겠는가?'라고 하며 백성의 고통을 외면했습니다.

사람이 말하기를, '편안한 자는 위태한 것을 구제하지 못하고, 배부른 자는 굶주린 자를 먹이지 않는다.'라고 했습니다.

그러므로 기름진 고기의 여유가 있는 자에게는 고생하는 것을 말하기가 어렵고, 즐거움에 빠져 있는 자에게는 고통을 말하기가 어렵다고 했습니다.

높은 당堂에 있는 거대한 집이나 광대한 집의 깊숙한 방에 있는 부자들은, 한 칸의 좁은 집에 지붕이 새고 아래에서 올라오는 습기에 당하는 가난한 사람의 아픈 고통을 알지 못하는 것입니다.

창고에 재물은 가득하고 매일 새로 들어오는 재물들이 가득 쌓이는 부자들은 아침밥은 있지만 저녁끼리가 없어 이자를 주고 돈을 빌리는 가난한 이의 급박함을 알지 못하는 것입니다.

훌륭한 말들이 산을 덮고 소와 양이 계곡에 가득한 부자는 한 마리의 돼지와 바짝 마른 송아지 한 마리 없는 가난한 자의 구차함을 알지 못하는 것입니다.

높은 베개를 베고 누워 농담을 하며 하인을 부리는 부자는 사사로운 채무를 걱정하고 관청의 아전에게 세금을 독촉당하는 가난한 자의 수심을 알지 못하는 것입니다.

비단옷을 입고 가죽신을 신고 살찐 고기를 뜯는 부자들은 짧은 옷을 입고 추위에 떨며 술지게미와 겨를 먹는 가난한 사람들의 고통을 알지 못하는 것입니다.

조용한 안방에 앉아 들여오는 거대한 상에 차려진 음식을 먹는 부자는 쟁기를 밟고 몸소 밭을 가는 농부들의 수고를 알지 못하는 것입니다.

튼튼하고 좋은 말을 몰며 기병들을 줄 세워 행렬을 이루는 권력자들은 등에 짐을 지고 걸어가는 사람들의 가난한 것에 따르는 수고를 알지 못하는 것입니다.

가볍고 따뜻한 속옷과 아름다운 겉옷을 입고 따뜻한 방안에 살며, 편안한 수레를 타는 부자들은 변방의 성에 오르고 찬바람에 웅크리고 얼어 죽는 위험한 추위에서 부역하는 백성들의 심정을 알지 못하는 것입니다.

집안에 대를 차리고 악사들의 다섯 가지의 음조를 들으며 눈으로 광대들의 희롱하는 것을 보는 자들은 날아오는 화살을 무릅쓰고 적군을 막으며 국경 밖에서 죽어가는 자들의 일상을 알지 못하는 것입니다.

동쪽으로 앉아 붓을 들고 글을 고르고 풍월을 읊는 자들은 목에 나무 형구를 쓰고 곤장을 맞는 불쌍한 사람의 아픈 통증을 알지 못하는 것입니다.

옛날에 상앙은 진秦나라를 맡아 죄 있는 사람의 목을 풀을 베듯이 베고, 군사를 사용해 전쟁하는 것을 화살 쏘듯이 했습니다.

군대를 따라 싸움터로 간 군사들은 살아 돌아오지 못하고 장성長城에서 죽어 비바람에 해골로 드러났고, 전쟁 물자를 나르는 뱃길로 가는 자들은 물에 빠져 죽었으며, 짐수레를 끌며 험난한 땅으로 가는 백성들은 지쳐 쓰러져 죽어서 시체로 돌아왔는데, 저들은 사람의 자식이 아니었습니까?

그러므로 군자는 인仁으로 너그럽게 하고 의義로써 헤아려 좋아하고 미워하는 바를 천하와 함께 하고, 불인한 것을 베풀지 않는 것입니다.

주나라의 다스림을 보면, 태왕의 아버지인 공유公劉가 재물을 좋아하자 아첨하는 자들은 더불어 재물을 쌓아두었고, 인의를 행하는 자들은 주머니가 비었다고 했습니다.

그 반대로 태왕太王은 여자를 좋아하였지만 안으로는 원망하는 여인이 없었고, 밖으로는 짝을 구하지 못하는 홀아비가 없었다고 했습니다.

문왕文王이 형벌을 일으켰는데도 국가를 원망하는 억울한 옥사가 없었고 백성들은 문왕의 형벌을 당연하다 여겼습니다.

무왕이 군사를 일으켜 행군하자 선비들조차 즐겁게 죽음을 생각하고 백성들은 즐겁게 군사로 뽑히기를 원했습니다.

이와 같으면 백성들이 어찌 괴로워하고 원망할 것이며 무엇을 구한들 비난하겠습니까?

CB

공경들과 높은 신하들은 발끈하여 안색이 바뀌며 조용해지고 대전 안은 사람들이 없는 듯했다.

나서서 반박하는 이가 없자 드디어 의논이 파해지고 말이 중지되었다.

논의가 끝났음을 왕에게 아뢰어 말했다.

"현량들과 문학들은 소금과 철을 전매하는 것이 옳지 않다고 여깁니다. 또 군국郡國의 술 전매권과 관내關內에서 철관鐵官을 파하기를 청했습니다.

소제昭帝 황제가 아뢴 것이 '가可하다.'라고 했다.

이로써 소금과 철과 군국의 술 전매에 관한 논쟁은 현량들과 문학들의 승리로 종결되었다.

논쟁에 참석한 현량과 문학들은 황제에게서 대부의 반열에 드는 벼슬을 제수 받았다.

환관桓寬

자字는 차공次公이며, 여남汝南 사람이다.

생애와 관련된 정확한 기록은 전하지 않으며, 『한서』 열전에 "선제
(宣帝, BC 74~49 재위) 때에 이르러 여강태수廬江太守로 승진하였으
며, 학문에 널리 통달하고 글을 잘 지었다"는 기록이 보인다.

임덕화林德華

1960년대 후반에 경상북도 팔공산 자락에서 태어났다. 대학에서 역
사를 전공한 후 다시 가톨릭신학교에서 5년간 신학을 공부하였으
며, 대학원에서는 불교를 전공하는 등 젊은 시절부터 존재의 본질과
인간의 삶에 천착하였다.

현재는 책을 기획하고 만드는 일에 종사하고 있으며, 다양한 분야에
인문학적 관심을 가지고 공부와 성찰을 지속하고 있다.

소금, 쇠, 술

초판 1쇄 인쇄 2016년 3월 30일 | **초판 1쇄 발행** 2016년 4월 7일
환관 지음 | 임덕화 편역 | 펴낸이 김시열
펴낸곳 도서출판 자유문고
　　　(02832) 서울시 성북구 동소문로 67-1 성심빌딩 3층
　　　전화 (02) 2637-8988 | 팩스 (02) 2676-9759
ISBN 978-89-7030-096-2　03340　　값 14,000원
http://cafe.daum.net/jayumungo (도서출판 자유문고)